CAUSAS Y CURAS

DE LA

POBREZA

Por

J. Paul Reno

Pastor y Autor

Causas y Curas de la Pobreza

Copyright © por Pastor Paul Reno
Hagerstown, MD
Enero, 2016

ISBN 979-8-9857165-3-5

Publicado por
Editores de Bendita Esperanza
Hagerstown, Md.

Publicación y formateo asistido por
The Old Paths Publications
142 Gold Flume Way
Cleveland, GA 30528
Página web: www.theoldpathspublications.com
Correo electrónico: TOP@theoldpathspublications.com

Todas las citas de las Escrituras en este libro están tomadas de la versión King James de la Biblia y RVG 2010 Español.

"Toda Escritura es dada por inspiración de Dios, y es útil para enseñar, para redargüir, para corregir, para instruir en justicia,

para que el hombre de Dios sea perfecto, enteramente preparado para toda buena obra."

(II Tim. 3:16, 17)

DEDICATORIA

Dedicado a mis maestros de la escuela dominical, especialmente a Paul Pontus, quien me enseñó que la Biblia tiene las respuestas a todas las preguntas de la vida, y que se debe confiar en estas respuestas implícitamente incluso si el mundo no está de acuerdo.

Además, dedico esto a todos los maestros de escuela dominical que instruyen fielmente a sus alumnos a confiar plenamente en las palabras puras de Dios por encima de todas las demás autoridades.

Pastor J. Paul Reno
Enero, 2016

TABLA DE CONTENIDO

PREFACIO

A medida que crecía, parecía que la única enseñanza bíblica que escuché sobre el tema del dinero tenía que ver con dar. Imagine mi sorpresa al leer mucho en mi Biblia sobre una variedad de otros aspectos: pobreza, ahorros, inversiones, negocios, testamentos, propiedades, deudas y mucho más.

En el colegio, el profesor Sinclair abrió aún más mi mente a los principios bíblicos relacionados con el dinero. Ahora, más de 50 años después, presento algo de lo que he encontrado claramente enseñado en la Palabra de Dios. Que estos pensamientos abran nuestras mentes para buscar diligentemente para encontrar las respuestas de Dios a los problemas financieros que enfrentamos.

Pastor J. Paul Reno
Enero, 2016

CAPITULO 1

CAUSAS Y CURAS DE LA POBREZA

¿QUÉ ES POBREZA?

La pobreza no es una condición definida, más bien es una cuestión de grado. Todos somos pobres en un grado u otro, al igual que todos somos ricos en cierto grado. Algunos de nosotros tenemos mayores grados de pobreza y menores grados de riqueza.

LA POBREZA ES UN PROBLEMA ESPIRITUAL

Estoy convencido de que esto es un problema espiritual real, aunque sé que hay muchas personas que predican un "Evangelio de salud y riqueza" como si eso fuera todo lo que hay que hacer. Si eso es todo en lo que usted está interesado, entonces ha hecho de la salud un ídolo y se ha vuelto codicioso de la riqueza. Hay peligro en un evangelio de salud y riqueza, pero también hay peligro en aquellos que no se preocupan por su salud y son insensatos en lo que respecta a su riqueza.

DIOS QUIERE QUE PROSPERES

Esos dos extremos están ambos fuera de equilibrio con la Palabra de Dios. En III Juan, el apóstol Juan le escribió a Gayo que deseaba prosperar y gozar de salud, al igual que su alma prosperaba. Eso sería un insulto para algunas personas porque al decir eso desearías que estuvieran arruinadas y muertas. Estos son temas vitales que debemos considerar y que tienen algunos efectos espirituales y bíblicos en nuestra vida y nuestro testimonio ante un mundo perdido y moribundo.

Comencemos mirando **Mateo 26:6-11**. Dice,

"Y estando Jesús en Betania, en casa de Simón el leproso, vino a Él una mujer, trayendo un frasco de alabastro de ungüento de mucho precio, y lo derramó sobre la cabeza de Él, estando Él sentado a la mesa. Al ver esto sus discípulos, se indignaron, diciendo: ¿Por qué este desperdicio? Porque este ungüento podía haberse vendido a gran precio, y haberse dado a los pobres. Y entendiéndolo Jesús, les dijo: ¿Por qué molestáis a esta mujer? pues buena obra me ha hecho. Porque a los pobres siempre los tenéis con vosotros, pero a mí no siempre me tenéis.

LAS CAUSAS DE LA POBREZA

Existe tal cosa reconocida bíblicamente como "pobreza" y la Biblia es bastante precisa al explicar las causas de la misma. Algunas causas están fuera de nuestro control. Por ejemplo, la enfermedad puede causar pobreza. Había una mujer en el Nuevo Testamento que había gastado todo lo que tenía en médicos, pero no estaba mejor. **(Marcos 5:25-29)**. La muerte puede traer pobreza a una familia, particularmente cuando golpea al hombre de la casa antes de que haya alguna posibilidad de que se aparten las finanzas. Los impuestos pueden traer pobreza. Algunos gobiernos intentan empobrecer a su gente mediante impuestos y manipulación. Los desastres, como los terremotos o los incendios que queman las empresas, pueden generar pobreza. El clima puede traer pobreza a los agricultores. Pueden perder aquello por lo que han trabajado durante años debido a una mala temporada. Algunos otros ejemplos de causas de pobreza son las discapacidades, la guerra, la mala economía, la falta de oportunidades o el juicio de Dios sobre un pueblo. Estas son algunas cosas que no controlamos.

Hay muchas más causas de pobreza que controlamos que aquellas sobre las que no podemos hacer nada. Estos son con los que quiero tratar. Nos gustaría echarle la culpa de todo a lo que no podemos controlar, pero tenemos que afrontar que al menos una parte de nuestra pobreza es autoinducida y traída sobre nosotros mismos por la ignorancia de las leyes de Dios.

SATANÁS ENGAÑA EN EL ÁMBITO DE LAS FINANZAS

También creo que Satanás ha engañado el pensamiento de los cristianos en el ámbito de las finanzas, a fin de atar económicamente a los hijos de Dios. Esto, a su vez, provoca una falta de dinero gratis para el programa de Dios. Hubo un tiempo en que había suficiente dinero entre el pueblo de Dios para comprar un terreno, construir un edificio para una un colegio cristiano o una nueva iglesia, o enviar un misionero dentro de un par de meses después de que estuviera listo. En el área de las misiones, ahora se necesitan años antes de que los creyentes puedan unirse para siquiera pensar en prometer lo suficiente como para enviar a alguien al campo. Hay un número de razones para esto, pero creo que Satanás ha engañado nuestro pensamiento y confundido a los santos, llevándolos a un estado de pobreza para que no puedan operar de acuerdo con el plan de Dios para satisfacer sus necesidades.

¿ELEGIR VOLUNTARIAMENTE LA POBREZA?

Además, muchos cristianos que no han sido engañados han elegido la pobreza por ignorancia o incluso voluntariamente. Algunos creyentes e iglesias piensan que cuanto más pobre eres, más espiritual eres. Estoy convencido de que algunas iglesias sienten que es su obligación mantener a sus miembros cortos financieramente, atados, atrasados en sus facturas y sintiéndose culpables si alguna vez pueden conseguir dos monedas de cinco centavos para frotarse en el bolsillo antes de recibir el próximo cheque de pago. Ellos dicen: "Puedes esperar a pagar tus cuentas mientras la iglesia paga las suyas"

Hacer votos de pobreza no hace espiritual a una persona. Si

Dios lleva a alguien a hacer eso, está bien. Pero no creo que Abraham fuera malvado cuando tenía todos esos sirvientes, posesiones y trabajos para esos sirvientes. Tampoco creo que David fuera un pecador malvado cuando pudo apartar millones y millones de dólares en oro y plata para construir el templo. No creo que Salomón estuviera en un pecado profundo cuando pudo acumular millones de dólares cada año, aumentando sus ingresos y tesoros para construir la casa para la gloria del Dios que adoraba. Tampoco creo que Job fuera inicuo cuando fue bendecido por Dios y se le dio el doble de lo que solía tener. Recuerde, Dios le dio todas esas cosas a Job. Dios a veces encuentra un santo en el que puede confiar y luego lo prospera.

LA POBREZA ES PARTE DE VIVIR EN LA TIERRA

El principio bíblico es que *"a los pobres siempre los tenéis con vosotros"* (**Mateo 26:11**). La pobreza es una parte permanente de la vida aquí en la tierra. No se puede erradicar la pobreza. El gobierno más rico con la mejor y más fuerte economía del mundo está a punto de quebrar, casi destruyendo su economía tratando de probar que Jesús estaba equivocado en este versículo cuando tuvo una guerra contra la pobreza. Por cierto, perdimos. La pobreza todavía está aquí.

¡Puedo recordar cuando era niño cuando establecimos el salario mínimo de 60 centavos de dólar la hora para deshacernos de la pobreza! Pueden reírse ahora, pero con el salario mínimo actual de $10.00 dólares la hora en algunos lugares en 2016, todavía tenemos pobreza. Más dinero no significa menos pobreza. De hecho, hay algunas personas que son más pobres con $40 000 y $45 000 dólares al año que otras a las que les va bien con $20 000 y $25 000 al año o incluso menos.

LA POBREZA ES EL RESULTADO DE LA ELECCIÓN

No es el tamaño de sus ingresos lo que decide su nivel de pobreza, al contrario de lo que nos diría nuestro gobierno. Siempre habrá gente pobre porque hay causas de pobreza que no se pueden eliminar por completo. De hecho, mucha gente elige la pobreza. La mayoría de ellos no eligen la pobreza diciendo que quiere ser pobre, sino que eligen qué causa su pobreza. La pobreza nunca se resolverá por completo en éste lado del milenio. Puede que todavía esté alrededor durante el milenio porque habrá algunas personas con una naturaleza pecaminosa, y eso es todo lo que se necesita para tener pobreza.

No es probable que las leyes de Dios sobre las finanzas se publiquen en el Wall Street Journal porque el mundo no piensa como Dios. Note **Proverbios 30:8, 9,**

> *"Vanidad y palabra mentirosa aparta de mí. No me des pobreza ni riquezas; mantenme del pan necesario; No sea que me sacie, y te niegue, y diga: ¿Quién es Jehová? O que siendo pobre, hurte, y blasfeme el nombre de mi Dios."*

¿Alguna vez has oído hablar de pedirle al Señor que no te haga rico? Esta Escritura dice que el escritor quiere vivir en un nivel entre la pobreza y la riqueza. ¿Crees que podríamos conseguir que el Wall Street Journal o incluso la mayoría de las revistas religiosas escribieran un artículo sobre esa oración?

También en este pasaje, vemos que la riqueza tiene problemas al igual que la pobreza. Este hombre es tan pobre que su estómago está envuelto alrededor de su columna y no está seguro de poder comer un pedazo de pan completo. Está tan desesperado que roba para no desmayarse muerto de hambre. Él está diciendo: "Señor, sálvame de la pobreza para que no robe, para que no me comprometa a ganarme la vida y para que no hable de una manera que no debería". Pero también está diciendo: "Señor, por favor no me dejes obtener riquezas".

El apóstol Pablo dijo que había aprendido,

> *"…he aprendido a contentarme, cualquiera que sea mi situación. Sé tener escasez, y sé tener abundancia; en todo y por todo estoy enseñado, así para hartura, como para hambre"* **(Filipenses 4:11).**

APRENDIENDO A CONTENTARSE

Se trata de aprender a estar contento en cualquier etapa de la vida que Dios te haya colocado, en lugar de buscar la pobreza o la riqueza.

Permítame recordarle que en el pasaje de Proverbios es Salomón hablando. ¿Puedes creerlo? Si lees Eclesiastés, te dirá que las riquezas no tienen la respuesta. Aquí teme volverse tan rico que podría sentir que no necesitaría la ayuda de Dios. Esa es exactamente la razón por la que algunas personas quieren hacerse ricas, para no tener que confiar en Dios para nada. No quieren orar. "Danos hoy nuestro pan de cada día." Ni siquiera quieren pedirle al Señor que les dé su bono anual. Quieren dejar de trabajar como Dios dijo que era sano y correcto para nosotros, y vivir la vida de un holgazán. Necesitamos necesitar a Dios. Salomón le pide al Señor que lo salve de estos dos extremos. Ambos tienen problemas.

LA IMPORTANCIA DE LAS CANTIDADES DE INGRESOS

Tenga en cuenta también que algunos cristianos pueden prosperar con menos de lo que equivale a pobreza para otros. La cantidad de sus ingresos determina sólo hasta cierto punto cómo vive. Este pensamiento puede llevarse al extremo al decir que no puedes vivir como si estuvieras ganando $50,000 dólares cuando en realidad solo estás trayendo a casa $15,000. Todavía algunas personas pueden vivir como si solo recibieran $ 15,000 cuando en realidad tienen $ 50,000. Hay mucho más en la pobreza que el nivel real de ingresos en dólares.

¿Cuántas personas conoces que hayan dicho que si consiguieran un mejor trabajo estarían mejor? Luego consiguieron un mejor trabajo y se endeudaron más. Pensaron que las riquezas serían la respuesta, pero no sabían cómo manejar las riquezas. Es sorprendente cómo algunas personas disminuyen sus ingresos y descubren que menos fue aún más que más. De hecho, se recuperan más rápido que cuando ganaban más y se endeudaban aún más.

Con frecuencia, cuanto más dinero se gana, mayor es el nivel de deuda, y cuanto menos se gana, menos deuda. Sus banqueros sienten de la misma manera: cuanto menos gane, menos le dejarán endeudarse y cuanto más gane, más quieren que se endeude. No quieren prestar dinero a aquellos que lo "necesitan" porque quieren asegurarse de recuperarlo, de aquellos que no lo "necesitan". Así piensan las instituciones crediticias, y si tiene dinero en el banco, así quiere que piensen. No quiere que presten dinero a personas que no pueden devolverlo, porque en tales casos es posible que no recupere su dinero y el banco se hundiría.

LAS ESCRITURAS NOS PIDEN QUE CONSIDEREMOS LA CAUSA DE LOS POBRES

Miremos la Escritura que será nuestro texto clave,

"Conoce el justo la causa de los pobres; mas el impío no entiende sabiduría". **(Proverbios 29:7)**

Dios dice que, si eres justo, querrás saber por qué la gente es pobre y cuáles son las causas. Son asombrosas las verdades prácticas de la Palabra de Dios. Cuando Dios nos salvó, no solo nos hizo justos desde el punto de vista posicional, sino también prácticamente justos, y nos dijo que permaneciéramos en una condición justa. Él quiere que vivamos de esa manera y una de las marcas de los justos es que consideran la causa de los pobres.

El problema es que hemos estado intentando solucionar la pobreza sin conocer la causa. La persona justa va a buscar, indagar, averiguar, calcular y aprender. Va a considerar qué causó la pobreza y, por lo tanto, sabrá algo sobre cómo curar la pobreza, en el mismo o en otros.

UN CIRCULO VICIOSO

Muchos cristianos se han acercado a mí para decirme que estaban en un lío financiero. Rara vez sabían exactamente cómo llegaron allí, pero querían salir. Les insto a que averigüen cómo cayeron, porque nadie sale de semejante lío hasta que se entera de cómo llegó allí. La alternativa a esto es que, si sacas a una persona de su pobreza, solo tienes que darles tiempo y ellos estarán de regreso en ella. A menos que puedan encontrar la causa, no conocerán la cura. El médico que solo se ocupa de los síntomas en lugar de las causas nunca ve que sus pacientes mejoran.

Debemos considerar con seriedad la causa de por qué todos somos más pobres de lo que necesitamos ser, prestando atención a todos los aspectos. Es posible que no tenga un problema en un área determinada, pero en los próximos años puede ayudar a alguien a salir de esa misma trampa. He descubierto que ayudar a las parejas jóvenes en este ámbito les ha abierto al Evangelio. Descubrieron que me preocupaba más por ellos que si estaba recibiendo una decisión que pudiera registrar en un folleto. Lo único que está tan cerca del corazón de una persona como cualquier otra cosa es su condición financiera. Si usted aprende a ayudar a alguien, es posible que esté dispuesto a escuchar al Dios de su ayuda.

LA BIBLIA TIENE UNA FILOSOFÍA FINANCIERA

La Biblia tiene una filosofía financiera de la que el mundo no sabe nada. Hace dos o tres generaciones, el mundo funcionaba según una filosofía bíblica porque nuestros piadosos antepasados habían predicado estas cosas. Dejaron de predicarlo y ahora la iglesia ha aceptado una filosofía "extranjera" financieramente. Si podemos volver a la manera bíblica, podemos ofrecer cordura financiera a un mundo loco.

Puede que las cosas vayan bastante bien con la economía ahora, pero durante nuestra vida, pasaremos por otra recesión o depresión en algún momento del camino. No estará de más prepararse antes de tiempo. Cuando los cristianos consideraron los problemas financieros correctamente durante los malos tiempos, tuvieron medidas de avivamiento. Pero no ha sucedido las últimas varias veces. Esto puede deberse en parte a que hemos perdido una filosofía bíblica en esta área. Entramos en la misma confusión y el mismo pensamiento que el mundo y, por lo tanto, no teníamos nada que ofrecer.

Hoy hay una enseñanza a la que me opongo. Es que es trabajo del pastor pescar el pez "dorado". Con esto, se quiere decir que todos deben salir y alcanzar a la gente, pero la responsabilidad del pastor es dedicar su tiempo a llegar a las personas ricas de la comunidad para que puedan financiar el programa de la iglesia. Selecciona a ciertas personas para llegar y pasa su tiempo con ellas porque tienen dinero. No encuentro nada de eso en las Escrituras. Una de las marcas de la vida de Jesús es que estaba predicando el evangelio a los pobres. La Biblia no nos dice que Él seleccionó a los ricos para poder hacer que la iglesia comenzara bien financieramente. Pero les recuerdo que, con la predicación del evangelio a los pobres, hubo algunos que no eran tan pobres, no espiritualmente sino económicamente.

LOS POBRES NO OCURREN POR CASUALIDAD

Los pobres no ocurren por casualidad. Hay una razón para ello. Si hay una causa por la que alguien es pobre, hasta que se encuentre una cura, seguirá siendo pobre. Si una ciudad tuviera una torre de agua en la que no pudieran retener el agua, podrían remediarla si encontraran la razón; un agujero en la torre. Pueden decir que simplemente sucedió de esa manera, pero seguirá sucediendo de esa manera si no la arreglan. A menudo, nuestras carteras están llenas de agujeros. Necesitamos averiguar por qué están llenas de agujeros, qué son los agujeros, cómo están formados y taparlos si vamos a poder manejar lo que tenemos y manejarlo correctamente. El punto aquí es que algunas personas están viviendo más pobres con más porque tienen agujeros en sus carteras.

LAS REGLAS DE DIOS FUNCIONAN

No todas estas causas van a tener sentido para la mente de una persona perdida, pero les recuerdo que esta es la Palabra inspirada de Dios. Él está revelando la economía del cielo y la economía de la tierra. Estos versos no fueron escritos para encajar en una sociedad capitalista bajo un gobierno de tipo democrático o republicano. No me refiero a partidos sino a estilos de gobierno. Estos versículos fueron escritos bajo una economía diferente y un gobierno diferente, una nacionalidad diferente y otra parte del mundo. Aún así, son las reglas de Dios y funcionarán bajo cualquier gobierno y economía porque la

Palabra de Dios no está sujeta a las filosofías del hombre. Esto no solo funcionará en Estados Unidos, sino también en Rusia, China, África, etc.

En cuanto a las causas de la pobreza, algunas de ellas se encuentran en la vida de todos, en un grado u otro. La mayoría de nosotros podría hacerlo mejor con lo que tenemos si tan solo aprendiéramos algunas leyes de Dios. Es peligroso violar sus leyes en el manejo del ámbito material de la vida. A lo largo de los años, Dios me ha ayudado enormemente en algunas de estas áreas. He tenido que ponerlas en práctica y, a veces, aprender las lecciones de la manera más difícil antes de que Dios me permitiera hablar sobre ellas.

Una pareja joven, aprendiendo estas lecciones al comienzo de su matrimonio, podría salvarse y beneficiarse de ello hasta decenas de miles de dólares en el transcurso de su tiempo juntos. Espero que la mayoría de nosotros podamos ganar miles de dólares. El ingreso estadounidense promedio ahora supera el millón de dólares en toda la vida. (Si una persona ganara $33,000 al año, en treinta años habría ganado un millón.) La familia estadounidense promedio está ganando un exceso de $25,000 al año y en cuarenta años habrá manejado más de un millón de dólares. Es posible que no esté ganando $25,000, pero si aprende de estas lecciones, cómo ahorrar e invertir algo, podrá ganar $12,000 hasta $15,000 con inversiones y trabajando en paralelo.

Solíamos pensar que un millón de dólares era solo para los ricos, pero un millón es para el promedio actual en Estados Unidos. ¿Qué tipo de contabilidad vamos a hacer por esos millones de dólares que manejamos en nuestra estadía aquí en la tierra? Dios puede enseñarte lo suficiente sobre esto como para que ganes un millón y medio antes de que todo termine. La pobreza no está ligada a la cantidad de dinero que pasa por nuestras manos; es cuánto se pega y cuánto perdimos.

Les recuerdo que cuando Dios hizo todo, dijo que era bueno. Plantó un jardín y puso al hombre a trabajar. Pudo cuidar de las aves, los lirios, las plantas y los animales de los campos. Ciertamente es capaz de cuidar de su pueblo. Dios ha establecido leyes y principios bíblicos para enseñarnos cómo operar aquí en la tierra. A menudo estos son abusados. Empecemos por analizar algunas de las causas de la pobreza y luego cuál es la cura.

CAPITULO 2

HACER NEGOCIOS CON GENTE CODICIOSA

Proverbios 1:17-19 dice,

"Porque en vano se tenderá la red ante los ojos de toda ave; mas ellos a su propia sangre ponen asechanzas, y a sus propias vidas tienden lazo. Tales son las sendas de todo el que es dado a la codicia, la cual quita la vida de sus poseedores."

Cuando un pájaro te ve extendiendo una red para él, tiene suficiente sentido común para mantenerse alejado.

Lo triste es que muchos humanos no tienen el sentido de un pájaro cuando se trata de personas codiciosas. La mayoría de nosotros conoce a algunas personas codiciosas que buscan obtener todo lo que puedan. Si las aves saben lo suficiente como para mantenerse alejadas de las redes que pueden ver, ¿qué debe hacer usted en cuanto a hacer negocios con alguien que es codicioso?

Si le contara sobre un concesionario de autos usados en algún lugar cercano que planea estafar a todos los que le compraron un auto, ¿estaría dispuesto a venir y preguntarme dónde estaba ese lote para poder mantenerse alejado de él? ¿Qué sabe acerca de la integridad moral y la motivación de la mayoría de las personas con las que hace negocios? Una de las razones por las que algunas personas son pobres es que no se molestan en comprobar si una persona con la que hacen negocios es codiciosa o no. Sé por hablar con un vendedor de seguros de vida hace años que muchas veces se ven presionados para vender pólizas que aportan cantidades de dinero para la empresa, pero que no dan muchos beneficios al cliente. ¿No le gustaría saber si su agente es honesto o codicioso cuando le sugiere ciertas políticas?

Una persona que no preste atención a esta regla será "tomada". Tienden a pensar que son tan inteligentes que pueden ser más listos que un hombre de negocios codicioso que acaba de esperar a que llegue también alguien como ellos.

Una persona honesta puede cobrarle un poco más, pero al final saldrá ganando. La mano de obra de mala calidad es a menudo la evidencia de un corazón codicioso. Pueden tener el precio más bajo, pero hacen el trabajo más pobre. De hecho, puede que le cueste más compensar lo que hicieron que lo que ahorró al obtener el artículo o servicio más barato.

¿CUÁL ES LA CURA?

La cura cuando se trata de personas codiciosas es simple: ¡no lo haga! Encuentre aquellos en los que pueda confiar y trate con ellos. Solía ser que el éxito en los negocios estaba ligado a un buen nombre. Ahora está ligado a la venta rápida. Hace años, la gente solía querer asegurarse de que los empresarios tuvieran un corazón recto en su negocio. Sería prudente prestar atención a su ejemplo.

CAPITULO 3

DORMIR DEMASIADO

Proverbios 6:10-11 dice,

> *"Un poco de sueño, un poco de dormitar, y cruzar por un poco las manos para reposo: Así vendrá tu necesidad como caminante, y tu pobreza como hombre armado."*

El defecto fatal aquí es dormir demasiado. Todos necesitamos dormir y diferentes personas necesitan diferentes cantidades de sueño. Diferentes tipos de condiciones laborales y de salud pueden afectar esto. Sin embargo, si duerme demasiado, estará tan cansado como si no hubiera dormido lo suficiente y eso hará que quiera dormir aún más.

El diablo no es tonto. Si necesita ocho horas de sueño y él puede conseguir que se tome 10, entonces pensará que necesita 12. Y si pudiera ganar 50 centavos de dólar la hora simplemente trabajando para usted mismo, eso son $2 dólares por día que le robó. Eso hace más de $700 al año. En diez años, tendría $7.000 en el banco, más intereses. Ese sueño constante no solo nos roba nuestras oportunidades, sino que también nos roba nuestra energía. No estoy diciendo que reduzca su sueño demasiado, pero existe tal cosa como dormir demasiado. Un estudiante en la escuela que siempre duerme no lo hace bien. Una persona en un trabajo que siempre está durmiendo tampoco lo hace bien.

Proverbios 20:13 dice,

> *"No ames el sueño, para que no te empobrezcas; abre tus ojos, y te saciarás de pan."*

A algunas personas les encanta dormir tanto como a

cualquier persona que tenga boletos de temporada para ver a su equipo de béisbol favorito. Cada vez que tienen la oportunidad, duermen. Para algunos, es un mecanismo de escape para alejarse de la realidad, con la esperanza de que tal vez puedan soñar o al menos cerrar sus problemas. Tener esa actitud hacia el sueño le hará pobre. Reconozca el sueño como una necesidad y no como algo para ser amado. Disfrútelo sólo en el sentido de que le permite seguir adelante con lo que quiere y necesita hacer. Tenga en cuenta que pasará un tercio de su vida durmiendo si solo duerme una cantidad normal de sueño. Una persona que vive hasta los 60 años pasará 40 años despierta y 20 años dormida. Si duerme demasiado, es posible que ni siquiera se despierte durante 40 años.

"Abre mis ojos…" **(Salmos 119:18).**

¿Sabía que sus ojos no se abren naturalmente cuando se despierta? Me doy cuenta de que es posible que algunos de ustedes nunca hayan experimentado esto, pero otros nos despertamos por la mañana sin siquiera estar seguros de querer mirar para ver si salió el sol. Hay momentos en que con un esfuerzo consciente necesitamos obedecer a Dios y abrir nuestros ojos.

Otro verso sobre este tema se encuentra en **Pro. 23:21**,

"Porque el bebedor y el comilón empobrecerán; y
el sueño hará que el hombre vista de harapos."

Un espíritu somnoliento cuando estás despierto y una especie de torpeza por la vida puede hacer que un hombre sea pobre.

¿CUÁL ES LA CURA? No duermas demasiado. Si no tiene este problema, simplemente recuérdelo para alguien que lo tenga.

CAPITULO 4

VIAJAR

Proverbios 6:11 dice,

"Así vendrá tu necesidad como caminante, y tu pobreza como hombre armado."

Viajar puede causar pobreza.

Recuerdo a un profesor en el colegio que se había dado cuenta de que, si compraba una casa a poca distancia del colegio, podía pagar miles de dólares más por la casa. Además, eso le permitiría poner dinero en el banco todos los años, porque significaba que tenía un vehículo menos para comprar, mantener, asegurar, etc. No tendría que unirse a un gimnasio porque haría ejercicio caminando de un lado a otro. Tenía un ahorro de tiempo debido a la cantidad de tiempo que ahorraba yendo y viniendo del colegio. Pudo ganar dinero, ahorrarlo e invertirlo mientras algunos de los demás lo estaban pasando mal. Se dio cuenta del alto costo de viajar de regreso cuando la gasolina costaba menos de un cuarto de galón y se podía comprar un Volkswagen nuevo por poco más de $2,000 dólares.

¿Puede imaginar cuál es el costo de viajar ahora? Puede evaluar a una persona por sus ingresos brutos, pero si su trabajo implica muchos viajes, no ha tocado lo que debe tener para vivir. Considere algunos de los gastos de viaje: la cantidad de tiempo que toma, la cantidad de energía que usa, la cantidad de gasto para realizar estos viajes y la división de sus esfuerzos entre el lugar donde vive y el lugar donde trabaja.

Algunas personas viajan y viajan y viajan sin darse cuenta nunca de que esto les está causando, hasta cierto punto, dificultades financieras. Una persona debe tener una buena cantidad de dinero, estar dispuesta a ser pobre, ser capaz de generar grandes ingresos con el viaje o bien establecer límites estrictos a los viajes. Puede que sea necesario viajar, pero, aun así, es mejor calcular el costo. Nosotros, como estadounidenses, pensamos que es nuestro derecho poder viajar. Puede ser su derecho, pero podría ser su perdición económica. No estoy diciendo que no viaje, solo tenga en cuenta el costo.

¿CUÁL ES LA CURA?

Cuente el costo de viajar y evalúe lo que le está haciendo financieramente. Puede que sea necesario realizar algunos ajustes.

CAPITULO 5

VIDA MORAL SUELTA

Proverbios 6:26 dice,

"porque a causa de la mujer ramera el hombre es reducido a un bocado de pan; y la mujer adúltera caza la preciosa alma del varón."

La vida suelta moralmente es económicamente cara. Sé que hay un precio que pagar por el pecado: los efectos en el cuerpo, la pérdida de reputación, la pérdida de la imagen de uno mismo y la pérdida de tiempo y energía. Pero también hay una pérdida financiera. Una persona que se meta en esto perderá. No hay forma de que ganen. Cuesta y cuesta y cuesta.

Este versículo fue escrito antes de nuestros días, por ahora se requiere manutención de niños para los niños que nacen fuera del matrimonio. He escuchado a hombres preguntarme cómo están pagando por algo que hicieron hace años. Se quejan: "¡Sale de mi sueldo cada semana y el tribunal decide cuánto sacar!" Les recuerdo que violaron la ley de Dios y eso cuesta. Nadie les había dicho nunca.

Dios dice que costará económicamente vivir de manera inmoral. ¡Hay un precio increíble en esta área del pecado! Algunos pecados no parecen tener ese tipo de castigo, pero tienen otras consecuencias. Con este pecado, un hombre puede ser rebajado a un pedazo de pan y alegrarse de tener un pedazo de pan. Puede decir que no es tan malo en Estados Unidos, pero podría darle nombres de personas que le mostrarían que es malo. Sé de algunas personas muertas de miedo por obtener un aumento de sueldo por temor a que el tribunal les quite todo el aumento y un poco más para mantener a los niños de los que son legalmente responsables. De hecho, algunas de ellas están listas para dejar sus trabajos porque están mejor con la asistencia social que cuando tienen que pagar la manutención de los hijos, todo porque se habían involucrado con una mujer ramera en su juventud. Mientras estaban "sembrando sus excesos juveniles", pensaban poco en la cosecha que traería a sus vidas. Si una persona tuviera un gran sentido común en esta área, sabría que debía mantenerse al margen, incluso si la única preocupación fuera por su billetera.

A veces, el chantaje llega a una persona que ha tenido éxito económicamente. Alguien puede intentar chantajear su matrimonio, etc. Si un hombre vivía sueltamente con una prostituta hace 15 o 20 años y luego decidió postularse para el ayuntamiento, ¿no cree que una persona sin principios puede recolectar una buena cantidad de dinero solo para quedarse callado? Quizás se pregunte por qué alguien gana buen dinero y no tiene nada. Es porque han violado las leyes de pobreza de Dios.

Otro pasaje sobre este mismo tema se encuentra en **Proverbios 5:3-8**,

> *"Porque los labios de la mujer extraña destilan miel, y su paladar es más suave que el aceite; pero su fin es amargo como el ajenjo, agudo como espada de dos filos. Sus pies descienden a la muerte, sus pasos conducen al infierno. Sus caminos son inestables; no los conocerás, si no considerares el camino de vida. Ahora pues, hijos, oídme, y no os apartéis de las razones de mi boca. Aleja de ella tu camino, y no te acerques a la puerta de su casa;"*

En el versículo 3, dice que ella habla dulcemente, como un panal de miel. Algunos de ustedes saben que esto es cierto por experiencia y que el próximo versículo se puede leer en su vida. Lo que empezó de una manera terminó de otra manera. Los versículos 9 y 10 del mismo capítulo continúan diciendo: No sea que des tu honor a otros, y tus años a los crueles; no sea que extraños se llenen de tus riquezas; y tus trabajos sean en casa de extraño; Terminarás trabajando para otra persona.

Vivimos en una Sodoma y Gomorra tan miserables que ha ido más allá de los niños con niñas a niños con niños y niñas con niñas. Hay dinero que se mueve en esos reinos, pero nada de industria honesta sucede. No hay ningún beneficio, producto o servicio que sea bíblicamente honorable que se produzca aquí. Siempre que el dinero se mueve en algo que no es una industria, un servicio o un producto adecuados, se convierte en dinero desperdiciado. Un buceador medallista de oro olímpico tiene una imagen empañada debido a su sodomía. Su nombre es mejor conocido por su inmoralidad que por sus logros.

La persona que vive inmoralmente descubre que está poniendo su dinero y esfuerzos en los bolsillos de otra persona. Puede que no haya tenido la intención de que fuera de esa manera, pero Dios dijo que lo sería incluso si tuviera que enviar el dinero de esta manera o de aquella. Usted Puede decir que no se intercambiará dinero, pero Dios hará que el dinero se traslade a otros bolsillos. Hay algunas personas que mucho después del tiempo de su soltura moral están pagando el precio que la Palabra de Dios dijo que se pagaría. La moral suelta cuesta y causa pobreza. Cuanto más lo toleremos en Estados Unidos, más pobres seremos.

¿CUÁL ES LA CURA?

La cura para esta causa de pobreza es mantenerse alejado de la vida y la moral suelta, y de aquellos que se involucran en ella. Esto no quiere decir que no deba testificarles, pero no se comprometa en ningún sentido ni se deje llevar en esa dirección de ninguna manera. Hay una desventaja para una persona que va por esa ruta.

CAPITULO 6

VIVIR PERVERSAMENTE

Proverbios 10:2-3 dice,

"Los tesoros de maldad no serán de provecho; mas la justicia libra de muerte. Jehová no dejará padecer hambre al alma del justo; mas arrojará la sustancia de los impíos."

La quinta causa es simplemente esta: vivir con maldad. Violar las leyes de Dios eventualmente conducirá a una nación, un área, una familia o un individuo a la pobreza. Dios dijo que "desecharía la sustancia de los impíos".

Imagínese esto: la persona perdida no conoce a Dios, y ni siquiera creerá esta situación a menos que haya visto el resultado final de esto. Un hombre malvado está amontonando su dinero, pero lo que no ve es que Dios está al otro lado de la pila agarrándolo y arrojándolo. Aunque el hombre la ha amontonado, no puede entender por qué la pila no crece tan rápido como él cree que debería. De hecho, cuanto más se pone, menos termina con.

He leído las biografías de familias adineradas que quebraron por vivir con maldad. Reunieron grandes sumas de dinero, no solo $100,000 dólares o un millón, sino más como $100 millones y $500 millones. Algunos construyeron catedrales, como iglesias y luego las donaron a la iglesia católica romana, pero en una generación estaban absolutamente en quiebra. He guardado algunas de estas biografías, porque una persona perdida estaba escribiendo sobre personas perdidas y cómo obtuvieron y perdieron su riqueza, sin darme cuenta de que me estaban dando ilustraciones de lo que la Palabra de Dios me había enseñado todo el tiempo. Una persona que elige vivir perversamente le está rogando a Dios que le quite lo que tiene, y tarde o temprano, Él lo hará. Estamos revisando las leyes de cómo opera Dios, ya sea que la economía esté de acuerdo o no. Hay mucha gente que sufre pobreza y pérdida de sus finanzas porque "los tesoros de la maldad no serán de provecho". ¿No siente lástima por esa gente que vive perversamente?

¿Alguien sabe quiénes eran los parientes de esos faraones o los césares? Eran los hombres más ricos de su época. Nadie hizo un seguimiento de eso, así como nadie tiene idea de quién está relacionado con Nabucodonosor. ¿Qué pasa con los que se hicieron ricos en las minas de oro mientras vivían perversamente en Occidente? ¿Alguna vez ha leído historias de esas personas: ricos un día y pobres al siguiente? Parece que no pudieron entender qué pasó. La Palabra de Dios ha estado explicando su problema todo el tiempo.

Un gobierno que fomente la maldad y trate de resolver la pobreza al mismo tiempo, puede estar seguro, fracasará en la solución de la pobreza. La eliminación de la maldad es una bendición económica para una nación porque se elimina una de las causas de la pobreza.

¿CUÁL ES LA CURA?

La cura es muy simple: deshazte de la maldad. Mire lo que dicen los versículos anteriores sobre los justos. El versículo 3 dice:

> *"Jehová no dejará padecer hambre al alma del justo".*

Dios dice en el verso 2,

> *"...mas la justicia libra de muerte".*

David dice en **Salmos 37:25**

"no he visto justo desamparado, ni a su simiente mendigando pan".

Proverbios 11:4 dice,

"No aprovecharán las riquezas en el día de la ira; mas la justicia librará de muerte".

La justicia es la cura para esta causa de pobreza.

CAPITULO 7

LIDIAR CON MANO NEGLIGENTE

Proverbios 10:4 dice,

"La mano negligente hace pobre; mas la mano de los diligentes enriquece".

Alguien que opera sin preocuparse por lo que suceda con su dinero será pobre. Lo fácil viene, lo fácil se va, gastando como agua, realmente no llevan un registro de su dinero. La cura se da en el versículo: "La mano de los diligentes enriquece". No dice nada sobre el medio ambiente, las oportunidades, el gobierno, las habilidades, la salud, la fuerza o la edad. La diligencia y la mano negligente se contraponen. Uno contribuirá a la riqueza y el otro a la pobreza.

No me preocupa volverme rico en la medida que el mundo lo mira, sino tener las finanzas disponibles a medida que surgen las necesidades. Compare esto con estar tan atrasado en las cosas que una persona se pregunta si va a sobrevivir. Así es como operan los pobres.

¿CUÁL ES LA CURA?

Se diligente. Permítame darle varias sugerencias sobre la cura para esta causa y lo que significa ser diligente. Creo que una persona debe tener cuidado cuando maneja su dinero. No es papel de desecho. No solo lo tire. Representa tiempo y oportunidad. ¿Tiene un presupuesto de algún tipo? ¿Tiene una idea de lo que necesita gastar y cómo debe gastarlo? Es sorprendente cómo la gente se llevaba tan poco durante la Gran Depresión. Pero si se sube hasta el ático, encontrará que mantuvieron un registro de cada centavo que gastaron. Los que no hicieron eso no tienen un ático para que se meta.

No estoy hablando de esclavizarse necesariamente a sí mismo con un trozo de papel, pero debería haber una idea de lo que uno necesita esta semana, la próxima semana, el próximo mes y el resto del año, etc. Esto le permitirá saber si sus ingresos van a igualar sus gastos, o si necesita orar o trabajar más. Dios puede librar milagrosamente, pero muy a menudo tentamos a Dios en el ámbito de las finanzas.

¿Qué quiero decir con "tentar" a Dios? ¿No enseñan las Escrituras que Dios haría que los ángeles se hicieran cargo de Jesús y que lo sostendrían si tropezara? Satanás le recordó eso a Jesús cuando lo tuvo en el pináculo del templo. Satanás le dijo a Jesús que podía echarse ahí abajo y que los ángeles lo cuidarían porque eso era lo que prometían las Escrituras. Jesús dijo,

"No tentarás al Señor tu Dios". **(Mateo 4:7)**.

El significado de esto: usted se ocupa de lo que puede cuidar y las promesas están ahí para lo que no puede cuidar. Mucha gente no se ocupará de lo que puede y todavía esperan que Dios les provea. Eso se llama tentar a Dios. Hay personas que siempre están tratando de arrinconar a Dios para que los libere. Dios nos dijo que aprendamos a ser diligentes. Si sigues lidiando con esa mano negligente, es posible que Él simplemente le diga al ángel que siga adelante y te deje caer y aprender una lección. Puede leer en el Antiguo y Nuevo Testamento sobre lo que les sucedió a los que tentaron a Dios. Hechos 5 cuenta lo que les sucedió a Ananías y Safira cuando tentaron a Dios.

No solo debe realizar un seguimiento de lo que va a gastar en el futuro, sino también de lo que gastó en el pasado. Si sabe a dónde fue, sabrá si debe estar feliz o triste por ello, y lo que puede hacer en el futuro para cambiar las cosas. A mucha gente no le gustan los talonarios de cheques porque indica cuánto gastaron aquí y allá. Les gustaría pensar que fueron solo unos pocos dólares, cuando en realidad fue mucho más y más a menudo de lo que quieren enfrentar.

Aprenda a ser responsable. Después de todo, tendremos que rendir cuentas a Dios y los registros estarán allí. También vamos a dar cuenta de nosotros mismos y de nuestra mayordomía. Fue un tema continuo en todas las parábolas de Jesús: vamos a tener que dar cuenta de lo que nos hemos comprometido en el ámbito material. Algunos de nosotros vamos a tener cuentas más grandes para dar que otros porque estábamos más comprometidos con nosotros.

Examinar cómo me he comportado en el pasado me ayudará en el futuro. ¿Vamos a ser negligentes con respecto al pasado y seguiremos siendo negligentes en el futuro? Eso nos hará pobres. ¿O vamos a ser diligentes con el pasado y el futuro, y diligentes con lo que se pone en nuestras manos para que nos quede más?

Debería haber metas definidas. ¿Qué planeas lograr financieramente? ¿Tiene alguna meta financiera en cuanto a la cantidad de deuda que desea pagar antes de fin de año? ¿Cuánto ahorro le gustaría haber reservado? ¿Dónde quiere estar financieramente para fin de año? ¿O cree que pasará lo que pase? ¿Te imaginas a un granjero mirando estos campos y diciendo que ha tenido buenas cosechas otros años y que no está seguro de si tendrá maíz o soja en ese campo, pero lo que sea será, y él solo verá cómo resulta? ¡Tendrá muchas malas hierbas! ¡Una persona debe hacer algunos planes! Esto es cierto en todas las áreas de nuestra vida. Esto es parte de ser diligente.

Una vez que haya establecido las metas, considere diligente y honestamente qué es posible y qué es necesario orar. ¿Cuáles son sus planes para alcanzar esos objetivos? La diferencia entre una meta y un sueño es que debe tener un plan para alcanzar sus metas. Sus sueños son simplemente la esperanza de que los pueda alcanzar de alguna manera.

Cuando empiece a hacer planes, es posible que descubra que algunas cosas que pensaba que eran metas eran solo sueños que tenía. A menos que Dios haga algo sobrenatural en el camino, nunca los obtendrá. Dios puede obrar con gracia, pero es sorprendente la frecuencia con la que bendice a los diligentes y la frecuencia con la que despoja a los inicuos. ¿No hizo prosperar las cosas en manos de José y Daniel? Dios puede hacer eso. Los diligentes son aquellos a quienes prosperará. ¿Por qué debería Él prosperar a los que tienen mano negligente si de todos modos van a desperdiciar un buen porcentaje?

Dentro de unos años, si Jesús demora su venida, es posible que usted pueda dar más a las misiones y la iglesia y pueda ayudar en ciertas otras áreas que si hubiera continuado lidiando con una mano negligente. El Diablo se deleita en que los cristianos se suelten con su dinero y lo dejen deslizarse entre sus dedos. Estoy convencido de que Dios confía suficientes riquezas a su pueblo para que se encargue de todos los misioneros que envía, pero los misioneros tienen que prescindir porque algunos de aquellos a quienes se les ha confiado no las han cuidado adecuadamente.

Tenga algún tipo de presupuesto. Tenga cuidado con su dinero. Sea diligente en cómo lo maneja. Tenga responsabilidad por el pasado, una meta para el futuro y un plan de cómo lo va a lograr. Esta es una cura que no resolverá todo antes de la medianoche de esta noche, pero es posible que esté mucho mejor para el 31 de diciembre si comienza con ella ahora.

CAPITULO 8

FALTA DE DEFENSA O PROTECCIÓN

Proverbios 10:15 dice,

"Las riquezas del rico son su ciudad fuerte; y la ruina de los pobres es su pobreza".

Las primeras veces que leí este versículo, pensé que no podíamos hacer mucho, pero seguí leyendo y me convencí de que había algo que se podía hacer. "La riqueza del rico es su ciudad fuerte..." En esos días, construyeron muros alrededor de sus ciudades. Algunos de ellos no se molestaron porque pensaron que todo seguiría como antes, y que siempre habría una época de paz y prosperidad. Puede decir que construir una defensa cuesta, pero una buena defensa paga y no cuesta.

Sé que hay muchos agujeros en nuestro presupuesto de defensa nacional, pero estoy agradecido de que haya pasado mucho tiempo desde que una nación se atrevió a intentar invadir Estados Unidos. He estado en países que han sido invadidos una y otra vez. Estos países tienen una geografía hermosa, gente trabajadora, recursos naturales, pero siguen siendo pobres porque cualquiera que quiera puede venir y atropellarlos, llevándose lo que tienen. Necesitamos darnos cuenta de que las personas malvadas estarán presentes hasta que Jesús venga y las ponga en su lugar, y las personas malvadas no entienden la bondad. Si lo duda, ofrézcase como voluntario para pasar una semana en la penitenciaría estatal tratando de ser dulce, cariñoso y servicial con todos los "residentes". Vea si puede sobrevivir la semana antes de ir al hospital. Quiero que sepas que hay algunas personas que creen que la destrucción es una forma de vida. Aprovecharse de los demás es lo que van a hacer. Si no hay ley, protección o defensa, obtendrán lo que quieran.

Hace años, cuando estaba de visita en Dominica, hubo un poco de conflicto político. Cierta noche, pasé por un mitin que se estaba llevando a cabo contra un oponente al partido gobernante que había sido introducido de contrabando en la isla. Estaba en el balcón del segundo piso gritando y diciendo que todas las armas habían sido quitadas de la isla (era ilegal que cualquiera tuviera una pistola), incluso para la milicia. Estaba diciendo que estaban indefensos y que sus vecinos podían venir y gobernarlos. No estoy seguro de por qué estaba tan preocupado por sus vecinos, cuando en ese momento estábamos pagando 30 centavos de dólar la libra de bananas en los Estados Unidos, y estaban pagando a las personas que las cultivaban y las cargaban en los barcos 3 centavos por libra. Como no tenían forma de protegerse, cualquiera podía hacer lo que quisiera y no tenían ninguna oportunidad. Ninguna defensa nacional significaba que cualquiera podía aprovecharse económicamente.

Me dicen que un agricultor gana 2 o 3 centavos por el trigo en una barra de pan. Tiene que preguntarse si alguien no necesita protección económica, incluso en los Estados Unidos.

¿CUÁL ES LA CURA?

Se necesita algo de protección. Los estragos de la guerra causan pobreza. Algunos de ustedes pueden haber estado en Vietnam y haber visto lo que sucedió allí. Otros de nosotros puede que hayamos visto fotografías. Si alguna vez ha visto algo así, apreciará una defensa que evita que la gente quiera entrar y pisotearnos. Una de las razones por las que nuestro país es tan rico no es que seamos tan grandes, sino que nos hemos protegido.

CAPITULO 9

TACAÑERÍA EN DAR

Proverbios 11:24 dice,

"Hay quienes reparten, y les es añadido más; y hay quienes son escasos más de lo que es justo, pero vienen a pobreza".

Mire este versículo a la luz de la tacañería al dar.

Permítame ilustrar usando jardines y granjas. Hay una expresión antigua que se usa en tiempos de hambruna. "No coma su semilla de maíz". La necesita si no va a pasar hambre el próximo año para que pueda esparcirla para obtener un aumento. Pero si decide que tiene suficiente hambre y quiere comerla ahora, o si se aferra a ella en lugar de esparcirla, eso lo llevará a la pobreza.

Hay un principio bíblico en Malaquías cuando pregunta: "¿Robará el hombre a Dios?" Vemos un principio en II Corintios 9 acerca de cosechar lo que sembramos. Si sembramos escasamente, escasamente también segaremos, y si sembramos abundantemente, abundantemente también segaremos. Ese pasaje se refiere a dar. Una persona realmente no da a una iglesia. Esperamos que le den a Dios, y Dios no permitirá que nadie le dé más de lo que Él da.

Realmente está invirtiendo con Dios. Está plantando semillas, un poco o mucho, dependiendo de qué tipo de cosecha quiere en el futuro, una pequeña o una grande o quizás ninguna cosecha. Una persona que decide retener más de lo que es adecuado es tacaña y literalmente le dice a Dios: "Puedo hacerlo mejor sin tus bendiciones que con ellas. He tenido tantas de tus bendiciones que me gustaría descansar un rato y voy a tomarme un año sabático. No voy a plantar nada contigo. Luego, cuando las cosas se pongan difíciles de nuevo, comenzaré a dar". No se dan cuenta de que eso es lo que realmente están diciendo.

Es como el tipo que trabajaba para una empresa en la que todos se suscribían a una póliza de seguro, excepto este. No quería que le quitaran un poco de su cheque. El acuerdo era que todos tenían que firmar o nadie se beneficiaba. Cuando sus compañeros de trabajo se dieron cuenta de que no iba a hacerlo, lo atacaron y estuvieron a punto de matarlo. Les dijo que esperaran un minuto y regresó para decirle al jefe que había decidido que sí quería esa póliza; sus compañeros de trabajo le habían explicado de manera un poco diferente a como lo había hecho su jefe. A veces, Dios debe venir con un gran garrote y explicarnos las cosas de una manera en la que nunca antes habíamos pensado. Dios dice: "Hay quienes reparten, y les es añadido más" Él nos dice en Su Palabra y si no le hacemos caso, nos castiga en el área de nuestras finanzas.

¿CUÁL ES LA CURA?

La cura es obviamente bíblica: tenga el corazón abierto, sea generoso, sea inteligente sabiendo hacia dónde se dirige, sea justo en lo que respecta a sus ofrendas y comprenda que es una inversión para el futuro. Es una inversión garantizada que regresa en múltiplos (si no en esta vida, en la próxima). Estamos acumulando tesoros en el otro lado. Algunas personas piensan que no pueden darse el lujo de dar, pero lo que realmente están diciendo es que no pueden darse el lujo de ser bendecidas. Tiene que sentir pena por alguien que no comprende las leyes de plantar y cosechar, y la cuestión de dar y recibir.

CAPITULO 10

LAS RIQUEZAS DE VANIDAD

Proverbios 13:11 dice,

"Las riquezas de vanidad disminuirán; mas el que las acumula por mano laboriosa las aumentará".

Hay una forma correcta e incorrecta de ganar dinero. La forma en que lo haga a menudo determina si puede aferrarse a algo. Dios afirma y garantiza que si lo consigue por vanidad disminuirá. ¿Quiere que su dinero crezca o se reduzca? La vanidad lo disminuirá y el trabajo lo aumentará.

La vanidad tiene la idea de vacío, algo transitorio o pasajero, o algo insatisfactorio. El diccionario dice que significa ser ocioso o sin valor, inútil, operar con orgullo, autosatisfacción o falsedad. Matthew Henry, al comentar el versículo, dijo, "Son las personas las que obtienen su riqueza alimentando su orgullo o el orgullo de los demás, operando en el ámbito del lujo, obteniendo su dinero en juegos o jugando en el escenario, mediante el fraude o la mentira". Es interesante lo que dijeron en el siglo XVII sobre este tema.

¿Qué significa ganar dinero por vanidad? Algunas personas obtienen dinero por halagos. Algunos lo consiguen por orgullo o por desarrollar el orgullo de otras personas. Algunos lo hacen basándose en la cuestión de las apariencias y cómo se ven las cosas. Estas cosas están ligadas a la vanidad en la Biblia. Dios dice que, si lo consigue así, se encogerá. ¿Puede imaginar su montón de dinero de ellos encogiéndose? Si lo obtienen con maldad, Dios lo va a desechar, o si lo obtienen por vanidad, simplemente lo reducirá.

A modo de contraste, aquí hay un hombre pobre en esclavitud y trabaja para obtener su dinero. Tiene poco, pero Dios hace que aumente. El mundo no puede darse cuenta de eso. No tendrás que pensar mucho antes de recordar a alguien que, por el trabajo, vio algo crecer y aquellos que por vanidad lo vieron disminuir. Debemos preocuparnos por cómo ganamos nuestro dinero. Hay varios estafadores y timadores, perfectamente legales, pero que operan en la vanidad de la gente o en su propia vanidad y obtienen dinero de esa manera. Pero no pueden aferrarse a él. No es la cantidad inicial, sino cuánto Dios te permite quedarte, lo que cuenta.

¿CUÁL ES LA CURA?

La cura obviamente es el trabajo. Si miras atentamente el versículo que dice, "por mano laboriosa las aumentará". Ha producido algún bien, algún objeto o algún artículo. Es posible que haya mejorado algún artículo a través de la mano de obra, como tomar una tabla y hacer una mesa con ella. Puede ser que alguien haya podido cultivar algo o que se haya prestado un servicio a personas. Es posible que un pastor no haga mucho por sus ovejas excepto cuidarlas, pero obtiene un beneficio simplemente por cuidar de las ovejas y velar por ellas. Existe el ámbito de los servicios, así como el de los bienes.

Permítame compartir una historia de testimonio personal con usted para ilustrar más este punto. Cuando era niño, crecí en una pequeña ciudad donde había algunas viudas pobres, y algunas tenían mala salud y no podían limpiar sus aceras, cortar el césped o limpiar en el otoño. Traté de ayudarlas y ellas me darían lo que pudieran. Se rieron de mí por eso, pero me habían enseñado que era mejor trabajar que estar sentado. También había aprendido que era mejor trabajar por una moneda de cinco centavos que trabajar para papá, ¡porque entonces no recibía la moneda de cinco centavos! También sabía que esas viudas no me hacían trabajar tan duro como papá. (Papá lo sabía y lo hizo intencionalmente para que yo saliera a trabajar).

Quería ir a la universidad, pero no pude conseguir dinero suficiente. Continué trabajando durante mi último año y hasta el verano siguiente. Pude conseguir suficiente dinero para postularme a una universidad cercana y fui aceptado. La gente me preguntaba si iba a ir a la universidad y yo les decía: "Sí". ¿Cuándo me iba? "Este otoño." ¿Tienes tu dinero para el primer semestre? " "No." "¿Cómo vas a pagarlo?" "No sé, acabo de orar y Dios me ha dejado en claro que de alguna manera se va a hacer cargo". "¿Qué estás haciendo para poder hacerte cargo?" No había podido encontrar nada en cuanto a trabajo porque era una época de recesión. "Estoy trabajando, pero no gano mucho". La gente decía que era una tontería, pensaban que era mejor no trabajar. Pensé que un poco era mejor que nada. Hoy en día, sé que, aunque ese pensamiento está un poco desactualizado, sigue siendo bíblico.

Un hombre me pagó $15.00 dólares para cortar un árbol y convertirlo en leña. Estaba todo atrapado en las líneas eléctricas y yo subía y cortaba una rama a la vez. Tenía que pagarme $5.00 dólares al mes durante tres meses solo para cubrir mi sueldo. Tenía miedo de que tuviera problemas para conseguir sus provisiones. Lo hice porque sentí que tenía que intentar ayudarlo. También vendí periódicos. Uno de los hombres a quienes vendí periódicos dijo que le gustaría que le pintaran la casa y se preguntó si yo podría hacerlo. Me ofrecí a pintarlo por una cantidad que hubiera hecho que cualquiera que se ganara la vida pintando se enojara conmigo. Trabajé duro pintando esa casa, pensando que si hacía un buen trabajo podría encontrar otra casa para pintar antes de que comenzaran las clases. Estaba pintando un sábado cuando me pidió que lo ayudara a poner un muro de tabla roca en el techo de una habitación que estaba arreglando para su esposa. Ahora, él no me estaba pagando por hacer eso, solo me estaba pagando para pintar la casa. Ya sabes cómo algunas personas se apegan a los contratos, pero fui a ayudar de todos modos.

Me dijo que lo instalaría y que yo podría clavarlo allí. Le respondí que pensaba que sería mejor si yo lo sostenía y él lo clavaba. Dijo que estaba tratando de darme el trabajo más fácil. A esto respondí, que ya estaba tomando el más fácil. Le dije que mi problema era que era ciego de un ojo y no siempre acertaba cada vez que golpeaba el martillo. Con tabla roca eso no es tan buena idea. Me preguntó si me había graduado de la escuela secundaria del martillo y si tenía una beca para ir a la universidad. Agregó que podría obtener una beca por ser ciego de un ojo. Ahora, había oído hablar de muchas becas, pero nunca de esa. Continuó diciendo que un día volvía a casa del trabajo y había un tipo bajo la lluvia. Lo había recogido y el hombre le había dado una tarjeta en la que le decía que estaba tratando de ayudar a las personas discapacitadas. Encontró la tarjeta en su bolsillo y me dijo que llamara a este tipo y le dijera que era ciego de un ojo. Quizás pueda ayudarme con la universidad.

¡Pensé que era mejor que pintar casas! Me registré y obtuve ayuda financiera para cuatro años de universidad debido a que era ciego de un ojo. ¡Esto resultó de ayudar a alguien a colocar un muro de tabla roca, por el que no me pagaban! Conseguí el trabajo pintando la casa porque había estado ayudando a algunas viudas. No intente decirme que el trabajo no da sus frutos y que Dios no puede aumentar lo que un hombre obtiene trabajando.

Poco después, un hombre que era gerente de una gran zapatería me había estado observando y le preguntó a mi papá qué tipo de trabajo iba a hacer en la universidad. Cuando mi papá le dijo que todavía no tenía trabajo, dijo que necesitaba a alguien que supiera trabajar. Cuando me ofreció un trabajo, lo acepté con gratitud. Cuando cerró ese trabajo, había una ferretería que me quería porque me habían visto trabajando en la ciudad. El punto que estoy señalando es este: Dios puede aumentar lo que una persona obtiene al trabajar. Si hubiera elegido ser perezoso o esperar un trabajo bien pagado, es posible que nunca hubiera comenzado en la universidad y que nunca hubiera terminado.

Las leyes de Dios funcionan, se comprendan o no. Doy testimonio de este principio. Lo que me pasó a mí les ha pasado a muchas otras personas y no es gloria para una persona, sino gloria para Dios, quien mantiene sus leyes en funcionamiento.

CAPITULO 11

RECHAZAR LA INSTRUCCIÓN

Proverbios 13:18 dice,

"Pobreza y vergüenza tendrá el que menosprecia el consejo; mas el que guarda la corrección, será honrado".

El versículo 8 del mismo capítulo dice:

"El rescate de la vida del hombre son sus riquezas; pero el pobre no oye censuras".

Una de las causas de la pobreza y las marcas de una persona pobre que seguirá siendo pobre es que no escucha ninguna instrucción, no acepta ningún consejo y no se le corregirá la forma en que maneja las cosas. Tiene una actitud de sabelotodo. Siempre les está diciendo a los demás, pero nunca escucha por sí mismo. Puede hablar hasta quedarse sin aliento, pero él no está interesado en ninguna corrección, consejo o instrucción. Algunos solo escucharán como un medio para obtener su dinero.

He hablado con algunas personas ricas y es asombroso lo poco que dicen saber. Además, he hablado con algunas personas pobres y es increíble cómo tienen las respuestas para todo. Vaya donde la gente esté totalmente arruinada y mendigando, y le dirán cómo hacer casi cualquier tipo de trabajo. Tienen una respuesta para cualquier problema del gobierno y tienen una solución para todas las cosas que suceden a su alrededor. Por otro lado, alguien que tiene un poco de los bienes de este mundo no está tan seguro de todo. No tiene todas las respuestas e ¡incluso puede pedirle consejo sobre algo! Estas personas siempre están buscando ayuda y buscando alguna entrada. Otros son pobres porque están tratando de encontrar todas las respuestas en lugar de hacer cualquier otra cosa.

¿CUÁL ES LA CURA?

La cura se encuentra en **Proverbios 13:18**,

"El que guarda la corrección, será honrado".

La cura es escuchar a otras personas. Escúchelos y déjelo permanecer en su mente. Piense en ello: los ejemplos, la corrección, la instrucción y la represión que ha recibido. En lugar de defenderse cuando alguien dice que está haciendo un asunto de manera incorrecta, averigüe de qué están hablando. Puede que tengan razón. El mero hecho de que le hayan dicho que lo estaba manejando mal significa que son unos de los pobres ignorantes que siempre balbucean, o que se preocuparon lo suficiente por usted como para que arriesgaran su amistad al tratar de ayudarle. Alguien dispuesto a arriesgar una amistad es alguien que realmente se preocupa por usted y podrá darle ayuda y dirección.

Una persona que valora la represión será honrada por Dios. Escúchelo, aférrese a él, piensa en él, recuérdelo, escoja el consejo, considérelo y examínelo en su mente. Siga las instrucciones que sean buenas.

Proverbios 11:14 dice,

"… en la multitud de consejeros hay seguridad".

Reciba muchos consejos y aprenderá a reconocer lo que es inútil. Búsquelo en las Escrituras. Aprenda a seguir buenas instrucciones. Puede ser tu liberación.

Mucha gente pobre dice que está en tan mal estado que no hay esperanza. Me sorprende que los que piensan que están en la peor forma no lo estén realmente. Me senté con algunos y sacudí la cabeza y vi que les llevaría cinco o seis años enderezarse, y otros quizás diez años. Pero luego hubo algunos que pensaron que no había esperanza y que continuarían endeudándose cada vez más. En dos años, podríamos haberlos sacado de todas las deudas, pero ahora llevaría cuatro años. Sabían demasiado y ahora están en peor forma. Solo puedes ayudar a aquellos que quieren ayuda. Algunas personas se deleitan con una falsa humildad, diciendo que no pueden salir de sus deudas. No creo que tenga que ser así. Creo que un hijo de Dios puede llegar a un lugar de obediencia y devolver lo que debe. Pueden llegar a un punto en el que no están atados económicamente y en mejores condiciones de ser usados por Dios.

CAPITULO 12

HABLAR DE LABIOS – SIN TRABAJO

Proverbios 14:23 dice,

"En toda labor hay fruto; mas la palabra sólo de labios empobrece".

Mucha gente no cree en la primera parte de este versículo, pero mucha gente simplemente no cree en sus Biblias. la palabra sólo de labios empobrece: todo lo que tiene es un par de centavos para frotar en lugar de un par de dólares.

Hoy en día, algunos tienen la idea de que hablar generará más dinero que trabajar. El mundo intentará vendernos este tipo de filosofía. El ámbito de las ventas es donde la gente tiende a pensar que hablar genera dinero. Nunca he conocido a un vendedor exitoso que lo haya logrado meramente hablando. Debajo de la charla tenía que haber sudor, trabajo, experiencia y esfuerzo. He visto numerosos fracasos que iban y venían, pensando que se iban a convertir en riquezas en lugar de trabajar.

Permítame usar un ejemplo de un hombre que tiene algo de éxito en las ventas. Por años, este hombre ha estado tratando de alentar a algunas personas a vender máquinas de coser a los Amish en el Medio Oeste. Ha encontrado a varias personas que han estado dispuestas a tratar de convencer a la gente para que las compre, pero ninguna lo ha hecho muy bien ni ha ganado mucho. No entienden que antes de que este hombre venda una máquina, la revisa pieza por pieza. Quiere saber cómo se arma esa máquina, cómo funciona, cómo se va a reparar y ajustar. Él ha podido vender una máquina en un color diferente a alguien que acaba de comprar esa misma máquina en el primer color, porque la máquina que vende funciona y la otra no. Había trabajado para que la máquina estuviera sincronizada y funcionando correctamente. Este hombre puede venderla por más que una persona que solo la sacó de la caja que vino de la fábrica y no verifico nunca que se salte los puntos si es que cose del todo bien.

Lo que quiero decir es esto: si usted, como vendedor, no trabaja en su producto, no podrá convencer a la gente. Debe familiarizarse con él, estudiarlo y esforzarse en él. La Biblia dice que la palabra solo de labios tiende a una sola cosa, y es la miseria o la pobreza. Poner esfuerzo en conocer su producto es una marca de distinción entre el éxito y el fracaso en el ámbito de las ventas.

Este principio se aplica a cualquier otra área en la que se trate de hablar. Por ejemplo, muchos predicadores piensan que si pueden hablar bien, serán buenos predicadores. Tener el don de palabra no sirve para predicar. Es el trabajo delante de Dios, el trabajo en el estudio y el trabajo en oración lo que le da algo que vale la pena decirle a los demás.

No tengo ninguna duda de que hay personas con una habilidad mucho mayor con las palabras que yo, pero el Señor ha considerado conveniente darme más ministerio del que tienen porque confiaron en su capacidad para hablar: "hablar sólo de labios". Sabía que eso nunca me ayudaría. Mi esposa puede decirles cómo era antes de que yo entrara en el ministerio y los primeros días en particular. Yo era un maestro metiendo la pata cuando hablaba. Y luego tuve problemas para tratar de arreglar las palabras.

¿CUÁL ES LA CURA?

Labor. Trabajo. Si no hay trabajo, sudor o labor, no valorará lo que obtiene. No ganará mucho para poder valorar y, lo que es más, los demás no le valorarán mucho.

No tiene ningún valor simplemente hablar. Pero "... en toda labor hay fruto" según la Biblia (**Proverbios 14:23**). Puede decir que hay algunos trabajos que son mucho trabajo y que rinden muy poco salario. Ese puede ser el resultado inmediato. Recuerdo haber trabajado en una ferretería donde era el empleado peor pagado de la tienda, tal vez porque era cristiano. Otro hombre simplemente conducía un camión entregando electrodomésticos y recibía más dinero que yo. Yo era el que tenía que apilar los electrodomésticos uno encima del otro, bajarlos, prepararlos para salir, etc. Decidí que en toda labor hay fruto, aunque estaba atascado en la tienda mientras él andaba por ahí, deteniéndose para comprar una Coca-Cola aquí o allá con el tipo que estaba a cargo de configurar la máquina. Hice más del doble en ahorros desde entonces, incluso teniendo en cuenta la inflación, porque aprendí muchas cosas en esa tienda. Aprendí mucho sobre la gente y sobre cómo arreglar cosas. Pensé que si no me iban a pagar, lo conseguiría aprendiendo nuevas habilidades.

Trabajé en una zapatería ganando salarios bajos, pero traté de aprender cómo hacían negocios y cómo se anunciaban. Ha sido valioso para mí desde entonces. Algunos de los otros estaban cortando esquinas para hacer un poco más sin esforzarse. Yo soy el que está mejor, porque en toda labor hay fruto. Dios promete, ya sea que el patrón lo vea o no, habrá fruto para aquellos que trabajen. Nuestra responsabilidad es trabajar y Dios se encargará de los frutos.

Había un granjero, padre de dos hijos, en su lecho de muerte. Tenía una buena granja, pero había que trabajarla y los chicos solían querer divertirse. Entonces los dejó con este mensaje,

"Hay un gran tesoro en esta granja, y está a 18 pulgadas de la superficie del suelo"

Eso era todo lo que les diría y murió. Colocaron su arado profundo y trabajaron la tierra. Unos 15 o 20 años después empezaron a comprender que había un gran tesoro en esa granja si se le trabajaba y a la tierra.

Mucha gente está tratando de encontrar el camino más fácil hacia el éxito y las riquezas y tratando de evitar precisamente lo que Dios bendice. Hay un pagador en el cielo que equilibrará las cuentas cuando la gente no lo haga bien.

II Tesalonicenses 3:7-12 dice,

> *7 Porque vosotros mismos sabéis cómo debéis seguir nuestro ejemplo; porque no anduvimos desordenadamente entre vosotros, 8 ni comimos de balde el pan de ninguno; sino que trabajamos con afán y fatiga día y noche, para no ser carga a ninguno de vosotros; 9 no porque no tuviésemos potestad, sino por daros en nosotros un ejemplo a seguir. 10 Porque aun cuando estábamos con vosotros, os mandábamos esto: Si alguno no quiere trabajar, tampoco coma. 11 Porque oímos que hay algunos de entre vosotros que andan desordenadamente, no trabajando en nada, sino ocupados en curiosear. 12 Y a los tales requerimos y exhortamos por nuestro Señor Jesucristo, que trabajando calladamente, coman su propio pan.*

El versículo 10 es claro: los que no trabajan no coman. "En toda labor hay fruto" - ¡¡puedes comer!! Dios ha ordenado el trabajo para toda la humanidad. Algunos no pueden producir tanto como otros, pero Dios se asegura de que hay fruto que proviene de toda labor.

Tengo un amigo del norte del estado de Nueva York que trabajaba para la oficina de correos de EE. UU. Y era gerente allí. Sus superiores se acercaron a él y le dijeron que estaban en proceso de reorganización evasiva, que tenían un trabajo para él, pero que necesitaban despedirlo temporalmente. Querían que cobrara el desempleo porque iban a cobrar su parte y sentían que se lo debían. No querían que saliera y tratara de conseguir otro trabajo porque crearía un problema en cuanto a traerlo de regreso en varias semanas.

Se fue a casa esa noche y le dijo a su familia que lo habían despedido y que volvería a trabajar en varias semanas. A la mañana siguiente le dijo a su esposa que le preparara un almuerzo. Le recordaron que no tenía que ir a trabajar ese día, pero él les dijo que sí tenía que trabajar ese día, si no lo hacía, no podría cenar esa noche porque la Biblia dice, *"Si alguno no quiere trabajar, tampoco coma."* Se subió a su coche y empezó a andar por la carretera, yendo de un granjero a otro diciendo algo como esto:

> "Me han despedido de Correos e insisten en que tome mi desempleo. Volveré a trabajar en cuestión de semanas. ¿Tiene algún trabajo que pueda hacer en su granja? No puedo aceptar ningún pago, pero necesito poder estar frente a mi esposa e hijos esta noche para poder cenar. ¿Me dejará trabajar gratis en su granja?"

Finalmente encontró un granjero que le permitió hacer eso y trabajó todo el tiempo que estuvo despido. Cuando llegó el momento de volver al trabajo, agradeció al granjero y le dijo que sentía que se había ganado su desempleo. El granjero comenzó a comprender que las leyes de Dios deben ser obedecidas, tengan sentido para la mente mundana o no. Le dio un testimonio en toda la comunidad que no podría haber comprado con dinero. Dios le dio algo de fruto de ese trabajo, no solo en las provisiones que salían del jardín del granjero, sino eventualmente en algo de madera para construir una adición en su casa. Necesitamos darnos cuenta de nuestra responsabilidad de trabajar.

CAPITULO 13

DESPILFARRAR

Proverbios 18:9 dice,

"También el que es negligente en su obra, es hermano del hombre disipador".

Hay dos causas encontradas en este versículo. 1. Despilfarro y 2. negligencia (veamos abajo).

La primera que quiero señalarte es:

UNA PERSONA QUE ES DESPILFARRADA

El despilfarro conduce a la pobreza. Algunos de nosotros hemos escuchado el dicho: "No malgastes, y nada te faltará". Esto no está en las escrituras, pero es definitivamente bíblico en principio. Muchas familias del mundo podrían sobrevivir con los botes de basura de algunos cristianos. Nosotros, en Estados Unidos, vivimos en una sociedad de desecho. Ahora mismo, están diseñando coches que se tiran a las 50,000 millas (80,500 km). ¡Algunos de ustedes pensaron que ya tenían uno así! los pueden vender a bajo precio y cuando han recorrido tantas millas casi todo sale mal. Supuestamente, es lo suficientemente barato como para poder comprar otro.

Piense en cuánto de lo que compramos se tira. Simplemente vaya a las partes pobres de la ciudad y vea los contenedores de basura que tienen por ciertas varias casas. ¿No es eso una lección en una causa de pobreza? Conduzca por la ciudad en invierno y observe que las ventanas están abiertas porque la gente es demasiado perezosa para bajar el termostato. Se enfriarán abriendo una ventana. No les importa desperdiciar el calor. De esa manera ya sabe quién renta y quién es dueño. Luego se enojan si el propietario aumenta la renta. Desperdiciamos agua, electricidad, comida y ropa. Los usamos un rato y no nos gustan, así que los tiramos o los vendemos en un garaje. Si una persona tuviera que armar una prenda del algodón originalmente, hilarla en hilo, tejer la tela, etc. Podrían decidir mantenerla un poco más sin importar cuál sea el estilo. No estoy diciendo que debamos lucir como si estuviéramos en quiebra, pero hay miles de personas que están en quiebra por parecer que no lo están.

Hubo un tiempo en que si una persona compraba algo de la Misión de Rescate era para hacer alfombras, porque así de lejos estaba la ropa. Pero ahora puedes encontrar allí cosas que te hacen preguntarte si alguna vez se usaron. La ropa que tienen allí es suficiente para competir con la mayoría de las tiendas de ropa de segunda mano. El negocio del reciclaje de periódicos es otro ejemplo. Somos tan despilfarrados con lo que tenemos.

¿CUÁL ES LA CURA?

Tenemos que considerar nuestro estilo de vida y nuestros valores. Considerar lo que se necesita para satisfacernos, y cuánto tiempo vamos a estar satisfechos. Muy a menudo, no consideramos el largo plazo. Investigue el tema del reciclaje. Piense en cómo las sobras pueden servir para la siguiente comida.

Conocí a un hombre que fue a un Instituto Bíblico y se convirtió en el jefe de cocina encargado de ordenar la comida. Ordeno menos comida y la gente comió mejor de lo que había comido allí antes con mucho menos dinero. Verá, se dio cuenta de que lo que sobraba de una comida encajaba en el menú más adelante, y no tenían que tirar tanto. Fue capaz de calcular la cantidad que comía la gente, y no tuvo un exceso en una comida y una escasez en la siguiente. Pasó tiempo estudiándolo y resolviéndolo.

Es una cuestión de frugalidad sin llegar a ser tacaños. Aquí hay una línea muy fina y necesitamos aprenderla para no ser gente tan despilfarrada. Nuestro dinero duraría más y llegaría más lejos si consideráramos el largo plazo en lugar de lo inmediato. La respuesta es tener metas a largo plazo y un plan de cómo alcanzar esas metas. Nos vendría bien ver cuánta comida en el refrigerador se echa a perder, se tira a la basura o se tira al triturador en un mes. Luego, calcula cuánto valía esa comida y qué podrías haber hecho con ese dinero. Solo se necesita un poco aquí y allá para que quede mucho dinero al final del año.

Permítame darle una pequeña frase que me dio el hermano Bob Doom.

"Arréglalo, úsalo, gástalo o prescinde de él".

Puede volverse demasiado apretado, pero se ocupará del despilfarro. Es asombroso cuánto podríamos prescindir, sin afectar realmente nuestro estilo de vida, testimonio, necesidades basicas o comodidades. No estoy diciendo que debamos convertirnos en un "Scrooge" o que debamos vivir atados económicamente, pero creo que si podemos entender algunos principios podemos dar un paso atrás y evaluar dónde estamos, hacia dónde nos dirigimos y por qué. Podríamos recuperar el equilibrio de algunas cosas.

CAPITULO 14

PEREZA

Proverbios 18:9 muestra una segunda causa en el mismo verso,

"También el que es negligente en su obra, es hermano del hombre disipador".

La pereza trae la pobreza tan rápidamente como el despilfarro. De hecho, son hermanos el uno del otro. ¿Qué es la pereza? Lo busqué y encontré que significa ser perezoso, hacer lo menos posible, o hacerlo lo más tarde posible, sobre todo cuando no hay razones para que se retrase. La persona perezosa es la que iba a unirse al club de los procrastinados, pero simplemente no ha llegado a hacerlo.

Veamos lo que Dios dice sobre la persona perezosa.

Proverbios 19:15 dice,

"La pereza hace caer en profundo sueño; y el alma negligente padecerá hambre".

Está tipificada por la negligencia. La persona puede ver el trabajo, pero no involucrarse. Disfrutan del trabajo mientras otros lo hagan. Dios dice que un alma negligente va a sufrir hambre. Eso suena como a un grado de pobreza. Son el tipo de persona que piensa que el clima nunca es el adecuado para hacer nada.

Los hambrientos del mundo necesitan darse cuenta de la necesidad de trabajar mucho y duro. Eso solucionaría gran parte de su pobreza. ¿Te das cuenta de que los indios de las Grandes Llanuras (el granero de América - Iowa, Nebraska, Kansas y

Dakota del Sur) pasaban la mayor parte de su tiempo con hambre porque no creían que fuera algo adecuado para un humano cultivar un jardín? Pensaron que cualquiera podía cultivar un jardín porque era fácil. En cambio, prefirieron sentarse y esperar a que pasara el búfalo y decidieran cazarlo. Cuando consiguieron uno, dejaron que se pudriera mucho, llenándose la barriga pero sin guardar nada. El terreno que se necesitó para mantener a un indio puede sustentar hoy a mil personas gracias a la agricultura. El problema fue la negligencia y eso lleva al hambre.

Proverbios 12:27 dice,

"El indolente no asará su caza; mas haber precioso del hombre es la diligencia".

Note que el indolente no aprecia ni valora lo que tiene. Él puede decir: "Todo lo que obtuve fue un conejo, y estaba buscando un ciervo". Prepara un estofado de conejo, pero no tires el conejo. Luego cuando consigas el ciervo sabrás apreciarlo. El diligente mira lo que tiene y se da cuenta de que es precioso porque tiene algo.

Proverbios 13:4 dice,

"El alma del perezoso desea, y nada alcanza; mas el alma de los diligentes será engordada".

Se encuentran en circunstancias similares, pero uno prospera mientras el otro sufre. El perezoso siempre tiene carencias, mientras que el diligente aprende a arreglárselas con lo que tiene y quizá produzca algo más.

La mayor parte de la publicidad en Estados Unidos es para hacer a la gente perezosa e insatisfecha. Dicen: "Has trabajado duro 40 horas esta semana, te mereces un descanso". ¿De dónde sacamos la idea de que 40 horas es todo lo que debemos trabajar? La Biblia dice: "Seis días trabajarás..." (Éxodo 20:9). Luego tenemos a gente de fuera de nuestro país que trabajará por menos salario en trabajos que ni siquiera nos interesan. Se las arreglan viviendo en partes de la ciudad en las que nosotros no consideraríamos digno de vivir. Luego, sus nietos acaban siendo propietarios de nuestras casas, comprando nuestras granjas y siendo dueños de nuestros negocios. Algunos son diligentes y otros son perezosos. Hemos estado viviendo de los deseos y ellos han estado viviendo del trabajo, aprendiendo a valorar lo que tienen. Acaban engordando y nosotros pasamos hambre. No podemos entenderlo. Creemos que la respuesta es mantener a los inmigrantes fuera de nuestro país. Se trata de lo que una persona hace con lo que tiene, en lugar de lo que se queja y desea tener. A veces son esos deseos y anhelos los que nos destruirán.

Proverbios 20:4 dice,

"El perezoso no ara a causa del invierno; mendigará, pues, en la siega, y no hallará".

El hombre perezoso dice: "Sé que es la época del año para poner un campo, pero todavía hace demasiado frío para hacer algo". A la mañana siguiente piensa que hace demasiado frío para empezar, y al día siguiente dice que parece que va a llover. Y así sigue y sigue. Para cuando llegan a hacerlo, si es que alguna vez lo hacen, no les queda suficiente temporada de cultivo para cosechar. En consecuencia, son ellos los que mendigan y tratan de que los demás sientan lástima por ellos.

Están esperando ese trabajo fácil que les pague bien. La mayoría de las personas que conozco buscan mucho dinero por un trabajo fácil. Déjeme contarle un pequeño secreto: si hubiera mucho dinero por un trabajo fácil, otro ya tendría el trabajo. Las grandes sumas de dinero son siempre para el trabajo duro y el trabajo fácil es del tipo que paga tan poco que nadie más lo quiere. De alguna manera, la persona perezosa no puede comprender eso y está esperando que muchos dólares caigan en su regazo para hacer un pequeño esfuerzo.

Proverbios 21:25 dice,

"El deseo del perezoso le mata, porque sus manos rehúsan trabajar".

Tiene todos estos grandes deseos y planes, todas estas cosas que quiere lograr, pero de alguna manera espera "convertirse en rico". Simplemente no puede hacer el trabajo que se necesita para producirlo. Esa es la marca del perezoso - siempre queriendo, pero no haciendo.

Proverbios 24:30-32 dice,

"Pasé junto al campo del perezoso, y junto a la viña del hombre falto de entendimiento; y vi que por toda ella habían crecido espinos, ortigas habían ya cubierto su faz, y su cerca de piedra estaba ya destruida. Y miré, y lo puse en mi corazón; lo vi, y recibí instrucción".

Recuerdo haber trabajado para un anciano alemán llamado Mr. Bull. Solo trabajé un día para él, y después de ese día, entendí por qué era tan rico. Esperaba mucho y daba poco. Su esposa pagaba mejores salarios, así que fui a trabajar para ella y cuidaba su jardín. Él me pidió que recogiera algunas cerezas en una granja que tenía en el campo. Nos dirigimos a la granja a unas 20 millas por hora. Eso fue en el momento en que el límite de velocidad era de 60 mph. Cuando llegó a unos campos de maíz, redujo la velocidad aún más y me preguntó si simplemente salía y caminaba, si no podía llegar más rápido. Él Estaba mirando mientras conducía y me llamó la atención sobre un campo, comentando que si el propietario pusiera tejas en su campo podría aumentar su cosecha. Había agua que se había depositado en esa zona en la primavera y por eso el maíz no iba bien. Concluyó diciendo que el hombre no iba a invertir nada en sus campos. Fuimos un poco más lejos y señaló algunas vacas. Pertenecían al mismo granjero y él no estaba dispuesto a arreglar su cerca, aunque pudiera perder sus vacas o maíz o ambos. Estábamos observando a un granjero perezoso. Creo que en el fondo de su mente, el Sr. Bull pensó que si esperaba unos años más, el granjero estaría tan arruinado que podría comprar su granja. No estoy seguro de que él siquiera conociera los principios bíblicos, pero los entendió en la práctica. Si usted no cuida su tierra, su tierra no se ocupará de usted.

Además, si no se ocupa de su trabajo, su trabajo no estará allí para cuidarlo. Por eso muchas empresas se hunden. Sus empleados son como el hombre de la ciudad que tenía un caballo y se quejaba ante un granjero de que era demasiado caro alimentarlo. Le dijo al granjero que casi había resuelto el problema para poder alimentar a su caballo a bajo precio. Dijo que había comenzado a mezclar un poco de aserrín con la avena, solo un poco, y el caballo no lo notó al principio. Luego, cada día ponía un poco más de aserrín y un poco menos de avena. Se quejó: "¿Sabe usted que estaba a punto de destetar a ese caballo de la avena al aserrín, cuando se levantó y se me murió?". ¿Sabe que hay numerosos empleados que acaban de descubrir cómo no trabajar, cuando de repente el trabajo se cierra y no pueden averiguar qué salió mal?

Eche un vistazo a la pereza a su alrededor y aprenda una lección de ella. Si no recibe instrucción de mirar a los perezosos, usted mismo llegará a ser como tales y sufrirá las mismas consecuencias. No estoy sugiriendo ser crítico con ellos, solo aprenda de ellos para que no cometa los mismos errores y pague el mismo precio.

Mire **Proverbios 26:13**,

"Dice el perezoso: El león está en el camino; el león está en las calles".

Sin duda, esa es razón suficiente para quedarse en casa y no trabajar durante el día.

El viejo rey Saúl tuvo un día un problema con un gigante llamado Goliat. Sus sirvientes vinieron trayendo a un pastorcillo a su corte. El niño pastor se ofreció a encargarse del gigante. Saúl quería saber cómo intentaría hacer eso. David contó que un día, mientras estaba cuidando las ovejas, llegó un oso y Él lo mató. Hubo otro día en que había un león. Ahora, el perezoso dice que hay un león en las calles, pero David vio al león en su campo. Eso está aún más cerca, ¿no? ¿Se fue a casa por el día y dejó el trabajo? ¿Les dijo a las ovejas que se cuidaran por sí mismas porque él estaba cuidando al #1? ¿No es eso lo que piensa mucha gente? David se hizo cargo de un león entonces pudo hacerse cargo de un gigante. Eventualmente, cuido de un país.

Proverbios 26:14 dice,

"Como la puerta gira sobre sus quicios; así el perezoso da vueltas en su cama".

De un lado a otro.

Proverbios 26:15 dice,

"Esconde el perezoso su mano en su seno; se cansa de llevarla a su boca".

Eso es todo lo que puede hacer solo para alimentarse, y mucho menos producir la comida. Piensa que es una gran cosa que se haya alimentado solo. ¿Puede imaginarse esto? Estos son los que piensan que han hecho algo grande cuando acaban de cubrir sus necesidades con el sudor de la frente de los demás.

El siguiente verso, **16** dice,

"En su propia opinión el perezoso es más sabio que siete que pueden aconsejar".

En otras palabras, no podrá argumentar más que el perezoso. Puede tomar a siete hombres que tengan una buena razón para hablar con el perezoso y enderezarlo, pero en su propia opinión, es más inteligente que los siete. No hay mucha esperanza para el perezoso porque no se le puede hablar ni explicar. Cree que sabe más que todos los demás juntos.

El perezoso mira las dificultades en lugar de las oportunidades. ¿Recuerda cuando Dios abrió el Mar Rojo para los israelitas? Lo atravesaron y un poco más tarde subieron a Cades Barnea y Dios les dijo: "Ahí está la tierra, vayan a buscarla". Querían ver cómo era para saber lo que estaban recibiendo. Diez de los doce espías no vieron lo que realmente estaban recibiendo; ellos solo vieron lo que estaba en el camino. Cuando regresaron, dijeron que había gigantes. Pero en realidad, lo que decían era que había "leones en las calles". Miraron las dificultades, pero Josué y Caleb trataron de que vieran las oportunidades y miraran a Dios. La gente se centró en la dificultad y solo se les permitió participar de las uvas de Escol que se llevaron de regreso. Estuvieron atrapados con maná durante cuarenta años más. Miraron las dificultades y no aprovecharon la oportunidad. Es tan fácil hacer eso.

¿CUÁL ES LA CURA?

Sea activo en el trabajo a pesar de los problemas. Haz lo mejor y lo más que puedas. Sé que algunos de ustedes tendrán problemas con los delegados sindicales. Aprenda a valorar su trabajo, por grande o pequeño que sea. Puede ser una zarigüeya que obtiene mientras está cazando, pero la zarigüeya asada es mejor que el estómago vacío. Aprenda a ser diligente y a lograr lo que pueda. No seas perezoso. Logre lo que sea posible y vea lo que Dios hace con eso.

CAPITULO 15

IGNORAR LAS NECESIDADES DE LOS POBRES

Proverbios 21:13 dice,

"El que cierra su oído al clamor del pobre; también él clamará, y no será oído".

Ignorar las necesidades de los pobres trae pobreza. Enfatizo la palabra "necesidades". Ignorar sus necesidades es una forma de vivir muy egocéntrica y de corazón frio. Olvidamos que "otros" podríamos ser "nosotros" algún día. Si ignoramos su clamor, nuestro clamor no será escuchado. Dios dice que siega lo que siembra.

¿CUÁL ES LA CURA?

La cura obvia es ayudar a los pobres.

Mire **Proverbios 28:27**,

"El que da al pobre, no tendrá pobreza; mas el que aparta sus ojos, tendrá muchas maldiciones. curse."

Esta es una promesa. Los que siempre quieren recibir pero nunca dan van a carecer, pero los que dan no carecerán. Una advertencia para aprender a ayudar a los pobres: asegúrate de ayudarlos, y no solo los apacigue o satisfaga en la situación inmediata y temporal.

Permítame darle un ejemplo clásico en la Biblia de aquellos que no ayudaron a los pobres y literalmente fueron destruidos a causa de ello. En **Ezequiel 16:48, 49** vemos una explicación de algo del libro de Génesis sobre Sodoma y Gomorra. Dice,

> *"Vivo yo, dice Jehová el Señor: Sodoma tu hermana, con sus hijas, no ha hecho como hiciste tú y tus hijas. He aquí que ésta fue la maldad de Sodoma tu hermana: Soberbia, abundancia de pan, y demasiada ociosidad tuvieron ella y sus hijas; y no fortaleció la mano del pobre y del menesteroso".*

Ahora todo el mundo sabe por qué es conocida Sodoma, y estamos seguros de saber por qué Dios la iba a destruir. Pero quiero que vean lo que Dios dice que fue la iniquidad de Sodoma y por qué tuvo que destruirla:

1. "Soberbia".
2. "Abundancia de pan".
3. "Demasiada ociosidad tuvieron ella y sus hijas".

Pensaste que era homosexualidad, ¿no es así? ¿Cuántos homosexuales están ocupados trabajando todo el tiempo? La ociosidad es el campo de juego del diablo. Piénsalo. Estas causas fundamentales permitieron esa conducta sexual promiscua en esa ciudad. Miramos los síntomas y Dios mira las causas. A medida que Estados Unidos se ha construido llena de soberbia, abundancia de pan y demasiada ociosidad, no es de extrañar que tengamos el resultado de Sodoma. Si miras la última parte del versículo 49, dice,

> *"y no fortaleció la mano del pobre y del menesteroso".*

Tenía a los pobres y necesitados, pero nunca hizo nada para que se pusieran de nuevo en pie. Ella no hizo nada para satisfacer sus necesidades o ayudarlos realmente. América está en el mismo lugar.

Si ignora la necesidad de los pobres, un día usted mismo se volverá pobre. ¿Cuáles son las necesidades de los pobres? Necesitan que sus manos se fortalezcan. El viejo proverbio:

> "Es mejor enseñar a un hombre a pescar que darle algo de comer".

no es un versículo bíblico, pero hay una enseñanza bíblica detrás de él. Ayúdales a proveer. Satisface sus necesidades. Ayúdalos, no solo los cargues. El resultado será que todos estaremos mejor.

CAPITULO 16

AMOR AL PLACER

Proverbios 21:17 a dice,

"Hombre necesitado será el que ama el placer".

Una de las causas de la pobreza es el amor al placer. Es decir, buscar constantemente el placer, desear ser complacido, y tener todo tipo de excitaciones exteriores alimentadas en su vida hace la pobreza. Ha llegado a ser tan malo que cuando algunas iglesias anuncian servicios, uno pensaría que están copiando al Circo Barnum y Bailey. Tienen al más pequeño de los enanos predicando el Evangelio. Lo que eso tiene que ver con el mensaje aún no lo he entendido. El predicador se va a tragar un pez de colores - ¡pero el circo les hará tragar una espada! Me sorprende que no hayan traído a algunos gemelos siameses para cantar a dúo. Sabía de un lugar donde incluso trajeron un elefante a la plataforma. Un lugar iba a tener el mayor batido del mundo agitado con un motor fuera de borda. La gente va corriendo por él porque les gusta el placer. ¿Saben lo que ocurrirá? Todos acabarán siendo pobres y no sólo espiritualmente.

De alguna manera u otra hemos tenido la idea de que los placeres y el amor a los placeres deben ser mimados, alentados y edificados. Creo que debemos hacer un ruido alegre al Señor, pero el mundo tiene suficientes parques de diversiones y paseos de placer. Esto hará que algunos se vuelvan pobres, mientras que otros se enriquecerán con personas que buscan placer. No es necesario buscar mucho en ningún periódico para encontrar a alguien que anuncie algún tipo de placer para obtener su dinero.

Los cristianos están atrapados en este tipo de cosas. Es asombroso el tiempo dedicado al placer, la cantidad de energía y dinero que se derrama por los placeres y el lugar que ocupa en sus pensamientos. A menudo miden lo que consideran que vale la pena en sus vidas por si les agrada a ellos, en lugar de si agrada a Dios.

¿CUÁL ES LA CURA?

Tome la vida en serio. Shakespeare dijo:

"Todo el mundo es un escenario y los hombres y las mujeres son meros actores". (Shakespeare como a ti te gusta, acto II, escena vii).

Estados Unidos dice que toda la vida es un juego y que debemos divertirnos y disfrutar mucho antes de morir. La Biblia declara que hay algunos que dirían: "… come, bebe, regocíjate." (Lucas 12: 19b). Nunca he recomendado ese tipo de filosofía.

Algunas personas aman los placeres de forma barata y otras de forma cara, de acuerdo con lo que tengan a su disposición. Aun así, es un camino hacia la pobreza tanto como ser perezoso y no ganar nunca dinero. Algunas personas pueden ganar mucho dinero y gastarlo igual de rápido en placeres. Todo lo que tienen son recuerdos vacíos y un apetito que no fue satisfecho pero que desea aún más y más placeres. Están tan quebrados como antes de ganar ese dinero. Algunos de ustedes han sido liberados de esto, pero permítanme hacerles una advertencia: la liberación pasada no garantiza la seguridad futura.

CAPITULO 17

DISIPAR

Proverbios 21:20 dice,

"Tesoro codiciable y aceite hay en la casa del sabio; mas el hombre insensato lo disipa".

"Disipando" se refiere a gastar todo lo que tiene. Puede tener una cierta cantidad, y la gasta toda. En cuanto muchas personas se dan cuenta de que van a recibir un poco más, ya han pensado en cómo gastarlo. De hecho, han calculado cómo van a gastar más de lo que van a recibir, y luego tienen que tomar decisiones. Habrás visto a un niño pequeño que tiene una moneda de 25 centavos "quemando un hoyo en su bolsillo", deseando gastarla. Bueno, la mayoría de la gente piensa que el dinero es sólo para ser gastado, y no se dan cuenta de que puede haber otros usos bíblicos para él. El hombre insensato gasta todo lo que recibe - nunca ahorra, sólo gasta y gasta.

De hecho, algunos incluso van un poco más allá y tratan de gastar más de lo que tienen. Si un insensato lo gasta todo, ¿qué significa eso para los que gastan más? De alguna manera, creen que las cosas siempre van a mejorar y, como van a mejorar, pueden ocuparse de estas otras cosas en el futuro. Ignoran la enseñanza bíblica de que las cosas "irán de mal en peor". (**II Timoteo 3:13**: *Mas los malos hombres y los engañadores irán de mal en peor, engañando y siendo engañados*). Creen que su "barco va a llegar" o que van a encontrar el final de su arco iris. Todo se resolverá de una vez. Si Dios resolviera los problemas de algunas personas de una sola vez, simplemente saldrían y volverían a hacer lo mismo de nuevo. Dios nos deja salir lentamente. ¿Por qué? Porque así es como usted entró, y Él no quiere que vuelva a lo mismo otra vez.

El concepto detrás de gastarlo todo es: "Voy a vivir tan alto como pueda financieramente. Quiero vivir en el nivel más alto de la sociedad al que pueda estirar mi dinero. Voy a lucir lo mejor posible y a vivir lo más cómodo y relajado posible". Esto está absolutamente fuera de sintonía con la vida del Señor Jesucristo, quien dejó todo en el cielo y se hizo pobre por nosotros para que pudiéramos tener la riqueza espiritual que Él dio.

"Las zorras tienen guaridas, y las aves del cielo nidos; mas el Hijo del Hombre no tiene donde recostar su cabeza". **(Mateo 8:20).**

Cuando llegó el momento de pagar los impuestos, envió a Pedro a pescar un pez que tenía suficiente dinero en la boca para pagar los impuestos de los dos.

Proverbios 6:6 dice,

"Ve a la hormiga, oh perezoso, mira sus caminos, y sé sabio".

Aprenda cómo trabaja la hormiga en el verano para que tenga provisiones en el invierno. Vivimos tan alto como podemos, sin embargo, esperamos que los misioneros se las arreglen sin esto debido a nuestro desperdicio de vida. Sentimos que es espiritual ser pobre. Exigir que el embajador sea pobre para que el partidario pueda ser rico y el embajador pueda ser espiritual, significa que quieres ser poco espiritual. Eso dice algo sobre tu corazón.

"Antes del quebrantamiento es la soberbia…". **(Proverbios 16:18).**

"Dios resiste a los soberbios". **(Santiago 4:6).**

¿CUÁL ES LA CURA?

De alguna manera, aprenda a gastar menos de lo que gana. Sé que suena antiamericano, pero es bíblico. Aprenda a vivir por debajo de sus posibilidades. Tendrá que estar atento a los anuncios porque te han vendido que vives por encima de tus posibilidades. Aprenda a ahorrar algo, si no es más de un dólar aquí y allá. Tal vez en algunas semanas pueda hacer más.

Dios tomó este versículo y comenzó a arar en mi corazón. Mi esposa era sabia en esta área, y yo era el insensato. Descubrí que cuando las cosas estaban apretadas me preguntaba cómo le íbamos a hacer; Todavía pude ahorrar un dólar esa semana. Luego lo tuve para cuando lo necesitara más tarde.

El hermano Steven Worth me ayudó mucho con esto. Su padre tenía una granja y cultivaban verduras para Filadelfia. Su padre le dio un billete de cinco dólares y le dijo que lo guardara en su cartera. Era suyo, pero no debía gastarlo, a menos que fuera una emergencia absoluta que su padre comprendiera. Si recuerdo bien la historia, lo hizo con cada uno de sus hijos. Llevó ese billete hasta que se enmoheció. Añadía un poco de su propio dinero aquí y allá, pero aprendió que de alguna manera se puede llevar dinero sin tener que gastarlo. Una idea extraña, pero es bíblica. Dijo que aprender a llevar dinero sin gastarlo fue una excelente lección financiera para él.

Gastar es parte de nuestra propia naturaleza como americanos. Así es como pensamos. "Si lo tengo, lo gastaré. Si no lo tengo, tendré que esperar a tenerlo y entonces lo gastaré". La idea de gastar menos de lo que tenemos nos parece extraña, una especie de castigo. Déjame decirte que hay una libertad cuando aprendes a vivir por debajo de tus posibilidades que aquellos que viven por encima de sus posibilidades nunca conocerán. ¿Cómo puedo decir eso? He estado en ambos lugares. Guarde algo para esas necesidades y emergencias que vienen.

CAPITULO 18

PEDIR PRESTADO DINERO

Proverbios 22:7 dice,

"El rico se enseñoreará de los pobres; y el que toma prestado es siervo del que presta".

La siguiente causa se deduce lógicamente. Pedir dinero prestado es otra causa de pobreza. ¿Alguna vez has notado que cuando entras en un banco para abrir una cuenta de ahorros o para obtener un certificado de depósito, actúan de manera diferente a cuando pides un préstamo? De hecho, pensarías que estás en dos bancos diferentes.

Pedir dinero prestado es una forma de esclavitud. Ha comprometido muchas horas, días, semanas, meses o años de tu vida a otra persona. Esto se mide por el tiempo que tardarás en recuperarlo. Si una persona alguna vez tiene que pedir dinero prestado, debe elegir con cuidado quién será su amo de esclavos. También debería considerar si necesita el dinero suficiente para entrar en ese tipo de esclavitud por ello.

¿Se da cuenta de que una parte de la esclavitud en Estados Unidos fue por elección y nunca forzada? Había gente pobre en el Viejo País que se vendía a sí misma como esclava al dueño de una plantación, hombre de negocios o comerciante durante un cierto número de años y el amo pagaba todas sus deudas. El amo los llevaba a las colonias, los alojaba, los alimentaba y los cuidaba y, al final de ese tiempo, estaba obligado a darles al menos una mula o un arado, una pala o una azada y una cierta cantidad de alimentos y semillas. Luego se trasladaban a las zonas montañosas, donde podían hacer algo de agricultura y empezar a trabajar por su cuenta. Era la única forma de salir de la esclavitud financiera que tenían algunos de ellos, por lo que optaron por convertirse en "siervos contratados".

La gente me pregunta si soy dueño de mi casa y les digo que el banco y yo lo somos. Por lo que a mí respecta, estamos trabajando en sociedad y les estoy comprando a ellos. Siempre puedo vender, pagarles y que me quede algo. Algunas personas han "vendido literalmente su alma a la tienda de la empresa". Sólo que es el banco o algún otro individuo. Es difícil librarse de esta forma de esclavitud. Si no tiene cuidado, va a pedir prestado para pagar lo que pidió prestado. El tío Sam ha estado probando ese truco durante un tiempo.

Una persona debe considerar solemnemente que cuando pide prestado, lo que en realidad está haciendo no es solo gastarlo todo, sino elegir vivir por encima de sus posibilidades durante un tiempo. Entonces tendrán que vivir por debajo de sus posibilidades durante mucho tiempo. Una persona que pide prestados $1,000 dólares para poder vivir mucho más, va a tener que vivir después $1,000 dólares por debajo de sus ingresos para devolverlos, además de quién sabe cuántos intereses. Puede que acaben viviendo por debajo de sus ingresos $2,000 dólares para poder vivir $1,000 dólares por encima durante un tiempo.

Aquí hay una pregunta sobre los préstamos que me hago de vez en cuando. No me gusta contestar, pero me ha salvado de alguna locura financiera en ocasiones. Si no puedes pagarlo ahora, ¿cómo vas a pagarlo después y con los intereses de por medio? Piénsalo. Puede que lo pagues dos veces con los intereses que conlleva. Tenemos tanta "prisa" por conseguir, que nunca pensamos en la "lentitud" para pagar. Si puedes pagarlo ahora, ¿por qué no lo pagas ahora en lugar de pedir un préstamo? Si tiene buenas respuestas a esas preguntas, está bien, pero si no las tiene, pueden retrasarle un poco.

Hace años, me quedé en casa de un amigo que era contador público. Trajo su computadora a casa y me enseñó un poco de ella. Calculó lo que costaría pedir prestados $50,000 dólares para una hipoteca a 30 años dadas las tasas de interés en ese momento. Luego tomamos ese pago y lo programamos nuevamente para calcular que si una persona deposita la misma cantidad de dinero en el banco todos los meses y puede obtener una buena tasa de interés, ¿cuánto tiempo tomaría hasta que tuviera $50,000 dólares. Para devolverle el dinero al banco se necesitarían 30 años, pero para invertir ese mismo pago tendrías $50,000 dólares entre cinco y seis años. Ahí es donde los ricos se vuelven más ricos y los pobres más pobres. Pensé que tomaría unos 10 años, pero cuando me enteré de que solo tomaría cinco o seis años, me enojé. Si pudiera aprender a vivir por debajo de sus posibilidades mucho ahora, podría vivir por encima de sus posibilidades mucho más tarde.

¿CUÁL ES LA CURA?

Aprenda a ahorrar con antelación para sus necesidades. Imagina que alguien pudiera empezar a ahorrar la cuota mensual de una casa durante cinco o seis años. Estarían preparados para comprar en efectivo en lugar de tener que pedir un préstamo durante 30 años para pagarla. Luego, si quisieran, podrían comenzar a realizar los pagos nuevamente, depositarlos nuevamente en el banco y guardarlos. Cinco o seis años después, podían comprar una segunda casa y alquilarla, sumando el alquiler a los pagos que habían estado haciendo. Entonces, al final de los 30 años, podrían poseer algo así como ocho o diez casas. O si sólo quisieran empezar a comprar, serían dueños de una al final de los 30 años.

Se pregunta cómo los bancos pueden permitirse el lujo de construir todas estas sucursales en efectivo. No hay problema, usted las paga. Aprenda a pagar sus necesidades. Aprenda que prescindir ahora tiene grandes beneficios en el futuro. Aprenda a calcular el costo. Y si está en esta esclavitud, como se encuentra casi todo el mundo, aprenda a vivir de alguna manera por debajo de los medios que tiene para poder comprarse la salida de la esclavitud.

¿Se da cuenta de que hubo casos en el norte y el sur durante los tiempos de la esclavitud en los que un esclavo vendría al bloque de subastas y cuando se hizo la licitación, el esclavo había ahorrado lo suficiente con pequeños trabajos aquí y allá, que pudo comprar su propia libertad? Ofrecieron por sí mismos y compraron su propia libertad.

¿No le gustaría comprar su libertad? Si el prestatario está al servicio del prestamista, usted puede comprar su libertad financiera. El secreto es que cuanto antes empiece, más fácil será. Pero cuanto más espere, más profundo estará y más alto será el precio. La Biblia dice que "Conoce el justo la causa de los pobres", pero el mundo sólo va a seguir siendo pobre y culpar a otro por ello. Imagine a alguien manejando un millón de dólares en su vida y nunca poder salir de deudas. Verá, el mundo ha vivido un poco por debajo de sus posibilidades para poder prestarle dinero a la iglesia del Señor y a su pueblo - y ahora son nuestros dueños.

Deberían ver la diversión en las caras de la gente cuando les digo que hemos construido un edificio de la iglesia sin pedir prestado un centavo. Se preguntan cómo una iglesia puede hacer eso. Pensaban que éramos tan pobres que debíamos pertenecer al banco. Entonces, el banco decidiría cuándo obtendríamos el dinero para construir. Algunas de estas figuras religiosas nacionales, las más conocidas de sus personalidades de la televisión, han hecho que todas las decisiones financieras de su iglesia y sus ministerios de televisión se pongan en manos de un administrador judicial. Esto significa que el juez dijo que quería que algunos de los hombres de negocios de su comunidad que no estaban conectados con su iglesia de ninguna manera decidieran cómo se gastarían las ofrendas de esa iglesia hasta que pudieran enderezarse financieramente. El mundo los poseía.

Algunas iglesias han tomado prestado de diferentes organizaciones con las que no están de acuerdo en absoluto. Luego descubrieron que no podían hablar sobre lo que creían sobre ciertos temas porque se habrían visto obligados a declararse en bancarrota inmediata. A causa de la deuda, la iglesia está perdiendo el control de dónde está y de lo que puede hacer. Lo mismo puede ocurrir en la vida de un individuo. Pueden embargarle su salario antes de que usted pueda sacar dinero para dar, si se atrasa un poco o viola una de esas sentencias menores en ese documento largo que firmó para poder obtener el dinero para vivir más alto de lo que podía pagar.

Es sorprendente lo espirituales que somos hasta que se trata de nuestro dinero. Los cristianos que quisieran dar mucho más están pagando cientos y miles de dólares al año en intereses que podrían haber sido dados a la obra de Dios. Solo eche un vistazo a su informe de impuestos sobre la renta y vea lo que tenía al final del año. Vea si estaba satisfecho con financiar al banco en lugar de la obra de Jesucristo con esa cantidad de interés. Tengo que mirarlo todos los años y considerarlo y es aleccionador.

Las leyes de los Estados Unidos permiten la bancarrota o regla para escapar del pago de las deudas justas o del pago de las deudas a tiempo. Pero la Palabra de Dios no conoce tales leyes. Esas leyes fueron puestas en efecto y practicadas originalmente por aquellos que rechazaron la Palabra de Dios. Muchos cristianos están corriendo a ellos como una cura para su desobediencia en lugar de arrepentirse y hacer la restitución. Leí un caso en el que un hombre fue obligado a declararse en bancarrota. Él no la eligió y luchó contra ella. Pero sus acreedores lo demandaron y lo obligaron a declararse en bancarrota y luego se llevaron todo lo que tenía. Había pasado los últimos 10 o 12 años pagando lo que el gobierno decía que ya no debía. Dijo que era cristiano y que creía que lo debía de todos modos. Ha estado trabajando para devolverlo, y seguirá trabajando para devolver todo lo que el gobierno le dejó libre en los tribunales.

Mucha gente usará medios legales para escapar de la responsabilidad bíblica. Pero quiero que sepa que solo porque nuestro Congreso aprobó una ley no significa que Dios esté de acuerdo con ella. Hay una corte celestial que hay que afrontar. Este tribunal está muy por encima del Tribunal Supremo y debemos vivir de acuerdo con esa decisión. El asunto de pedir dinero prestado es algo peligroso. Tenemos que aprender a ahorrar para nuestras necesidades, prescindir, contar el coste y recuperar nuestra libertad en lugar de vendernos al mundo y dejar que dirijan nuestras vidas.

CAPITULO 19

OPRIMIR A LOS POBRES

Proverbios 22:16 dice,

> *"El que oprime al pobre para acrecentar su riqueza, y que da al rico, ciertamente vendrá a pobreza".*

(Aquí hay dos, trataremos la primera y luego pasaremos a la segunda).

En primer lugar, la opresión de los pobres para enriquecerse es una causa de la pobreza. Los que son pobres se apresurarán a decirte quién se aprovecha de ellos y ayuda a mantenerlos pobres. Los utilizan de alguna manera para poder ganar más dinero del necesario. Ven a los pobres como tontos y en apuros, por lo que pueden aprovecharse de su pobreza y son capaces de llenarse los bolsillos y aumentar sus riquezas. Dios dice que llegará un momento en el que pasarán necesidad.

¿Cómo lo hacen? A veces se aprovechan de la ignorancia de los pobres o de su falta de comprensión adecuada. He trabajado con personas pobres que han sido manipuladas legalmente porque no tenían suficiente educación para entender los documentos que firmaban o saber si los asuntos legales se llevaban a cabo correctamente. Me han hecho mirar cosas como contratos. Luego, cuando les expliqué lo que decía el contrato, comentaron que no era lo que les dijeron. Entonces se dieron cuenta de que alguien estaba tratando de aprovecharse de ellos. Pasa todo el tiempo.

Por unas cuantas cuentas y brazaletes, compramos la isla de Manhattan. Eso fue aprovecharse de esos pobres indios, ¿no?

Cambiamos grandes tierras de cultivo por tierras desérticas con esos indios. Luego nos molestamos cuando descubrimos que tenían petróleo bajo esos desiertos. Tratamos de encontrar alguna manera de obtener el petróleo de ellos también. Eso es oprimir a los pobres.

La gente puede estar en un aprieto financiero, y eso es una gran oportunidad para que un prestamista se lance y los golpee con altos intereses, sólo hasta que reciban su próximo cheque. Hacerles trabajar por menos de lo que valen es otro ejemplo de opresión de los pobres. Dios dice que los sueldos que se retienen, claman a Dios ante Él, y se convierten en una llaga para los ricos (Santiago 5:1-6).

El alquiler que se cobra es otra forma de oprimir a los pobres. Me asombra el alquiler que pagan los pobres y que los que están mejor nunca pagarían ni siquiera por un lugar más bonito. De alguna manera, están atrapados en la trampa de la pobreza. Los propietarios de los barrios bajos se aprovechan de ellos para todo lo que pueden. También se pueden aprovechar del transporte.

No digo que un pobre no tenga que llevar su carga, pero no debemos aprovecharnos de él para llenarnos los bolsillos. Algunas personas venden especialmente a los pobres sabiendo que pueden hacer una venta rápida. Dios condena rotundamente la opresión de los pobres constantemente a lo largo de las Escrituras. Dice que hay una maldición sobre los que hacen su dinero de los pobres. Llegará un momento en que los que hagan esto estarán necesitados de alguna manera.

Si estudia la historia de la fabricación de millones de algunas familias en Estados Unidos, comprenderá por qué lo perdieron todo en algún momento. En algún lugar lo hicieron de manera equivocada. Cuando lo haces mal, Dios dice que lo vas a perder, aunque sea una o dos generaciones más adelante.

¿CUÁL ES LA CURA?

Aprenda a ser misericordioso con los pobres. Aprenda a ayudarlos. No trate de sacarles ese pequeño extra. No los vea como un objetivo fácil para llenarse los bolsillos. No significa que no pueda sacar un beneficio justo de ellos, y no significa que trate con mano negligente hacia ellos. Eso nunca les ayudará. Hay una diferencia entre ayudar a los pobres y simplemente darles. Necesitan ayuda más que necesitar regalos. Nunca se levantarán si no reciben ayuda.

CAPITULO 20

DAR REGALOS A LOS RICOS

Hay una segunda causa encontrada en **Proverbios 22:16**,

"y que da al rico, ciertamente vendrá a pobreza".

Dar regalos a los ricos es una forma fácil de quebrar. Después de todo, no va a poder hacer regalos baratos a los ricos y llegar muy lejos. Si se lo regala a los ricos para intentar impresionarlos, probablemente no lo conseguirá porque ya son ricos. Lo que tiene para ofrecerles no los emocionara, ni les va a aportar orgullo, ni les va a enriquecer mucho. Pero sí le va a costar mucho a usted en el proceso.

Si quiere que esto sea un "doble golpe", pida dinero prestado para tratar de comprar un regalo para dárselo a los ricos. Eso realmente le atrapará yendo y viniendo. Intente comprar la amistad de los ricos y es posible que descubra que no está a la venta. Tienen muchas otras personas que intentan el mismo truco. Si quiere conseguir una ventaja con ellos, u obligarles a estar con usted, quizá deba considerar por qué son ricos. Entre otras cosas, aprendieron a no hacer regalos a los ricos. Se lo quedaban para ellos mismos. ¿Se ha dado cuenta de que algunas personas ricas no simplemente "regalan" tan a la ligera? Algunos se implican tanto en hacer regalos a quienes no los necesitan que trabajan duro todo el año para pagar los regalos que hacen.

¿CUÁL ES LA CURA?

En lugar de dar regalos a los ricos, aprenda a conservarlo para sus propias necesidades o quizás dárselo a una persona pobre. Es sorprendente las dos cosas que están unidas en este versículo: oprimir a los pobres y dar regalos a los ricos. En todo caso, debería ganar dinero con los ricos y dar algo para ayudar a los pobres. Eso sería bíblico. Hágalo de los que tienen, para que pueda dárselo a los que no.

Vi a un hombre que gana dinero de esta manera, regalando un calentador de agua a alguien que lo necesitaba en lugar de venderlo. Dijo que quería dárselo y no dejaría que lo pagaran. Sabía que eso no lo ayudaría a llegar al cielo y que necesitaba arrepentirse de sus pecados, pero aun así lo hacía sentir bien al dar a los pobres. Dijo que prefería dar a un pobre que dar algo a un rico. Ese hombre entendía más la Biblia que muchas personas de la iglesia. No sabía que ese principio estaba en la Biblia, pero Dios le había revelado algo al corazón del hombre.

El que da a los pobres habiéndolo hecho de los ricos es el que no tendrá ninguna carencia. Piensa en la absoluta insensatez del pensamiento de algunas personas. Quieren hacer un montón de donde no hay mucho - los pobres. Y luego quieren tirar todo donde hay mucho. Cualquier agricultor que pensara así quebraría. Si tuviera un campo bueno y otro malo, y se pasara todo el tiempo en el campo malo sacando lo que pudiera de él e invirtiéndolo en el campo bueno, pero sin hacer nunca nada con el campo bueno, nunca lo conseguiría.

CAPITULO 21

EMBRIAGUEZ

Proverbios 23:21 dice,

*"Porque el bebedor y el comilón empobrecerán; y
el sueño hará que el hombre vista de harapos".*

¿Qué formas hay de emborracharse? Proverbios 21:17 habla de los que "aman el vino" y lo que les sucede. Hay algunas personas que desarrollan un amor por el licor y el vino en particular. No he tenido la lamentable situación de ser un conocedor en este ámbito. Pero sé que el olor de la mayoría de whisky y cerveza no me da sed. Si el olor tiene algo que ver con el sabor, creo que habría que desarrollar un sabor.

El licor de una u otra forma puede provocar la embriaguez, pero una persona puede emborracharse sin licor. El versículo no dice que se emborracharon con vino y bebidas fuertes. Permítanme sugerir que una persona puede emborracharse por las drogas, sin que haya alcohol de por medio. La embriaguez es un estado en el que la persona no controla su mente. Los sentidos están embotados y la realidad ya no es real. La mayoría de las personas que he conocido que se emborrachan con drogas, licor o cualquier otra cosa no se emborrachan sólo por emborracharse. Algunos lo hacen, pero otros se emborrachan para ser malos. Unos pocos se emborrachan para meterse en una pelea o armarse de valor. Pero la mayoría se emborracha para escapar de la realidad. No quieren enfrentarse a lo que realmente es.

El juego es otra cosa que causará embriaguez. Recuerdo haber ido a visitar al Sr. Riley una noche húmeda y lluviosa. Conduje mi coche hasta donde era seguro y luego caminé con dificultad por el barro el resto del camino hasta una casa rodante en Pinhook Hollow, justo al final de la carretera donde vivía en Sinking Springs, Ohio. Iba a ver a Tom Riley acerca de su alma. Llamé a la puerta. Cuando vieron quién era yo, supongo que sintieron pena por el pato mojado y me dejaron entrar. Me quedé allí, empapado y frío, y ellos siguieron adelante y terminaron la mano de póquer que estaban jugando. Comenzaron otro mientras yo me quedaba parado allí y oraba. Comenzaron a enfadarse y nadie se alegró de cómo iba esa mano. Creo que esperaban que me fuera y yo esperaba que lo dejaran. Mientras estaba alrededor de la mesa mirándolos jugar, no estaban borrachos con licor o drogas, pero estaban borrachos jugando. No estaban en el mundo real. No estaban preocupados por su alma. No estaban preocupados por sus facturas, ni por la enfermedad, ni por nada, excepto por la carta que iban a sacar a continuación y la que iba a caer en la mesa. Esperé más de lo que ellos podían esperar y finalmente pude hablar con él acerca de su alma. Varios años después, vino a verme y me dijo que Dios había tratado con él y que quería ser salvo, aunque me temo que nunca lo fue.

Aquellos de ustedes que han jugado saben de lo que estoy hablando. Si ha tirado los dados, sabe que esos pequeños puntos negros que aparecían en la parte superior de un pequeño cubo blanco eran más importantes para usted que lo que Rusia, Washington y Gran Bretaña hicieron juntos. Estaba viviendo en un mundo irreal. Si se trataba de apostar en juegos de pelota, no le importaba si los impuestos sobre la renta subían o bajaban, sino quién obtenía la mayor cantidad de puntos en ese juego. Un juego ya no era un juego. Se convirtió en una pasión que lo consumía todo. Se emborracho tanto como un borracho con licor. El mundo los llama adictos al juego ahora.

Hay quienes se emborrachan de placeres. Una de las cosas más inútiles que conozco es tratar de hablar sobriamente con la gente sobre su alma en medio de un parque de diversiones. Esa gente está tan borracha como si estuviera tratando de hablar con ellos en un bar. Debe alejarlos para hablarles con mucho sentido común.

Solía pensar que el lugar al que menos me gustaría que el Señor me enviara (y Él sabe que estoy dispuesto) era la ciudad de Nueva York. Pero creo que he encontrado otro lugar en su lugar. Eso es Florida. Sé que todos los predicadores quieren ir a Florida, al menos en invierno. Pero me compadezco de los pobres predicadores de allí. Un predicador del que había oído hablar estaba tratando de mantener la línea y predicar algo recto a unas pocas millas de Disney World, Circus World, Sea World y muchas otras cosas mundanas. No digo que una persona no deba ir nunca a esos lugares, pero tenía que vivir allí y ministrar a la gente que vivía en ese ambiente. Ahora se ha ido de esa iglesia en parte porque predicaba demasiado fuerte. Esa gente tenía una mentalidad de placer allí. Hablo de personas que se han retirado de sus trabajos en el Norte y se han retirado de Dios y de la iglesia. Muchos han ido allí sólo para pasar un buen rato durante el resto de sus vidas. Sé que hay algunas personas salvas allí, pero me refiero al ambiente general en todas las ciudades y pueblos. Están tan borrachos como cualquiera que haya tenido que ser ayudado a salir tambaleándose de un bar. Llegarán a la pobreza porque se están comiendo lo que han ganado todos esos años.

Hay otro tipo de embriaguez que me preocupa, y es la embriaguez de poder. Algunas personas obtienen el poder y se les sube a la cabeza de manera que no pueden pensar con claridad. Algunas personas son promovidas por encima de sus capacidades. Lo mejor que les puede pasar es ser degradados, porque tienen más poder y prestigio del que pueden manejar. Creen que se han convertido en una autoridad en todo, y que no tienen que escuchar a nadie.

Algunas personas pueden soportar un ascenso, y algunas pueden soportar muchos ascensos, pero otras es mejor que no acepten nunca uno. Eso es todo lo que se necesita para arruinarlos. Algunos de ustedes han tenido amigos que dejaron de ser amigos cuando subieron un paso demasiado alto. Ya no te conocían. No podían hablar ni pensar lo mismo, ni siquiera mirar las cosas de la misma manera. Estaban borrachos de poder.

Ahora el versículo habla del borracho. Esa persona que no sólo se emborracha una vez, sino que sigue emborrachándose una y otra vez. El borracho - ya sea el que sigue emborrachándose con licor, o drogándose, o se envuelve en sus placeres de juego, o de poder una y otra vez - si continúa en ese camino quebrará. Será pobre. No se trata de la persona que se emborrachó una vez, sino de la que permitió que esto se convirtiera en una forma de vida para ella. Embota los sentidos, malgasta el dinero y hace una vida de pensamientos irreales. Eso la llevará a la pobreza tarde o temprano.

No sé si alguna vez ha estado cerca de hombres en misiones de rescate y ha hablado mucho con ellos. Me doy cuenta de que algunos de ellos son excelentes estafadores y mentirosos, pero ¿Se ha dado cuenta de que no suelen ser personas que hayan sido pobres toda su vida? Uno de ellos puede haber sido propietario de una tintorería o de algunos restaurantes, y otro puede haber sido profesor en una universidad. No fue la educación lo que les llevó a una misión de rescate. No fue que nunca hubieran ganado dinero. ¿Por qué son tan pobres? La embriaguez es una de las respuestas. La borrachera los llevó literalmente al fondo de las cosas. Llegamos a pensar que los borrachos son así sólo porque nunca han tenido nada, pero no es así. Si de alguna manera pudiera llevarle, con el ojo de un ángel, a las partes ricas de la ciudad, y hacer que mirara en los corazones y las vidas de la gente de allí, encontraría algunos borrachos. Todavía no están todos en los sectores pobres. La embriaguez no respeta su cuenta bancaria, su educación o su posición en la sociedad: le llevará a la pobreza.

¿CUÁL ES LA CURA?

Manténgase sobrio. ¿Sabe cómo no emborracharse con alcohol? No lo beba. Nunca he oído hablar de nadie que se emborrachara con licor y que nunca hubiera bebido. Esa es la forma más fácil de mantenerse sobrio. Puede pensar que puede beber una cierta cantidad, pero cuando lleva la mitad de esa cantidad, cree que puede beber más que cuando estaba sobrio. Es sorprendente que con la mayoría de la gente, cuanto más beben, más creen que pueden beber.

La persona que se droga puede pensar que un solo toque con un poco de mariguana no le va a hacer daño. Luego se hace con ese y quiere dos más. Luego quiere algo más fuerte, etc.

Algunos pueden decir que pueden apostar una moneda de veinticinco centavos en un juego. Es mejor que espere perderlo, porque si gana en una apuesta de un cuarto, arriesgará un dólar. Si gana con un dólar, lo siguiente es uno de diez. Los grandes apostadores no siempre fueron los perdedores. La razón por la que están ganando en las grandes apuestas es porque ganaron en las pequeñas. Siguen pensando que siempre van a ganar. Esos casinos lo detectan cuando entran, y les dejan ganar un poco aquí y allá para que puedan obtener todo el resto de lo que tienen.

Tenga cuidado en estas áreas, y ni siquiera se meta en estas cosas.

CAPITULO 22

GLOTONERÍA

Hay una segunda causa en el mismo verso, **Proverbios 23:21**,

"…y el comilón empobrecerán".

Me sorprende el orgullo de la glotonería del que se alardea abiertamente en los círculos cristianos de hoy. La gente se jacta de la cantidad de comida que puede consumir, como si eso fuera una declaración espiritual. Creo en el festín, así como en el ayuno, pero algunas personas piensan que siempre es un festín, y eso puede llevar a la glotonería. Permítame decir rápidamente que la glotonería tiene que ver con comer en exceso y no necesariamente con el sobrepeso. Algunos de los mayores comilones que he conocido eran de bajo peso. No sé por qué, pero lo único que puedo imaginar es que utilizaban toda su energía sólo para digerir lo que comían. Tal vez habían castigado tanto su sistema que simplemente no lo digerían y sólo pasaba de largo. Pero voy a ser honesto, comía mucho más cuando estaba bajo de peso que ahora cuando tengo sobrepeso.

La glotonería es el castigo a uno mismo vertiendo comida, guardándola, almacenándola y forzándola a tragar. Dios dice que el comilón llegará a la pobreza. ¿Cómo le hará llegar a la pobreza?

El costo de la comida lo afectará. Mire cuánto dinero está consumiendo en comida. Con la autoridad de la Palabra de Dios, Jesús espera que los salvos ayunen de vez en cuando. El dinero que se ahorra en el gasto de la comida puede ser utilizado más sabiamente en otra parte.

El tiempo dedicado a comer podría haberse aprovechado mejor. Cuando pudo haber comido una cantidad normal en 30 minutos y se tomó una hora para comer el doble, solo perdió treinta minutos. Si lo hiciera dos veces al día, son 365 horas al año. Eso es el equivalente a un poco más de nueve semanas de trabajo gastadas innecesariamente en la mesa. ¿Qué habría hecho con nueve semanas extra de pago? Eso podría ayudarle a salir de la pobreza.

Luego está el asunto de que comer en exceso hace más lentos los procesos del cuerpo. Si mira el verso - "Porque el bebedor y el comilón empobrecerán; y el sueño hará que el hombre vista de harapos". Hay una relación aquí. Los procesos corporales de los que se drogan, se emborrachan todo el tiempo, viven para los placeres, apuestan todo el tiempo o son glotones se ven afectados, y no pueden trabajar como lo hubieran hecho normalmente. Sus cuerpos se ralentizan por el daño que se hacen con estas cosas. No pueden producir tanto y tienen un efecto somnoliento en sus vidas. Si alguna vez ha ayunado durante algún tiempo, se dará cuenta de que a veces puede arreglárselas con media hora menos de sueño al día cuando está ayunando, pero cuando está de banquete necesita una hora extra de sueño al día para lograrlo. Ese efecto somnoliento influye.

Otra forma en que la glotonería causa pobreza es el problema de la enfermedad, ya que el cuerpo es castigado con más de lo necesario vertido ahí adentro. La enfermedad puede resultar costosa, especialmente en los últimos días de la vida de una persona, cuando las cosas salen mal a causa de este abuso.

¿CUÁL ES LA CURA?

Aprenda a comer con sensatez. Festeje en ocasiones y ayune en ocasiones. Sea sensato el resto del tiempo. Aprenda que debe comer para vivir y no vivir para comer. Algunas personas viven literalmente de una comida a otra. No estoy hablando de personas hambrientas, sino de algunas personas cuya vida entera está tan envuelta en la comida que la hora de comer es el punto culminante de su vida. Hay que reconocer que la comida es una necesidad de la vida, pero sólo sirve para ayudarnos a vivir y no debe ser el objetivo de nuestras vidas.

CAPITULO 23

VANOS AMIGOS

Proverbios 28:19 dice,

> *"El que labra su tierra, se saciará de pan; mas el que sigue a los ociosos, se hartará de pobreza".*

La imagen aquí es de un granjero, tal vez un joven granjero que ha heredado la granja y ahora tiene que decidir si pasar su tiempo trabajando en el campo o andando con sus amigos en la ciudad. A veces, la razón por la que un agricultor pierde su granja es que no se tomó el tiempo suficiente para cultivarla. Un hombre no trabaja en una granja 40 horas a la semana. Se alegra de tener que trabajar sólo 70 u 80 horas semanales en las épocas de menor actividad en invierno, para poder descansar en las épocas de más trabajo. Aprende a labrar y trabajar esos campos al máximo.

El principio es este: Si sigue a los ociosos, quebrará. Los amigos equivocados pueden llevarle a la pobreza. Hay un verso paralelo en **Proverbios 12:11**,

> *"El que labra su tierra, se saciará de pan; mas el que sigue a los vagabundos es falto de entendimiento".*

No sólo va a tener pobreza, sino que es falto de entendimiento. Si se junta con el tipo de amigos equivocado, acabará pensando mal porque aprenderá a pensar como ellos. No sólo los "pájaros del mismo plumaje se juntan", sino que usted se convertirá en uno de esos pájaros si está cerca de ellos el tiempo suficiente. Tiene que ser selectivo a la hora de elegir amigos en función de lo que quiere.

No sólo captará los patrones de pensamiento, sino también las actitudes de quienes le rodean. Puedo hablar con una persona y hacerme una buena idea de cómo son sus amigos con sólo escucharla un rato. Nos hacemos eco de nuestros amigos más de lo que creemos.

Los amigos equivocados también suponen una pérdida de tiempo, ya que absorberán grandes cantidades de tiempo. Eso también le llevará a la pobreza. Algunos supuestos amigos son como sanguijuelas. Absorben la energía y el tiempo que debería haberse dedicado a otra cosa. Los amigos que se preocupan por usted se preocuparán por su tiempo. Las personas que no se preocupan por su tiempo no son realmente sus amigos. No sólo le quitarán su tiempo, sino que desperdiciarán sus oportunidades. No volverá a ver esas oportunidades, se volverá negativo en su pensamiento y todo se convertirá en un problema. Olvidará que cada problema es una oportunidad potencial disfrazada. Todo lo que verá son los problemas. Se convertirá en un quejoso como ellos

No solo eso, le ayudarán a gastar lo que tiene de dinero. Mire al hijo pródigo: tenía amigos solo mientras tenía dinero. Le quitaron el tiempo y afectaron su pensamiento y sus actitudes. Desperdiciaron sus oportunidades y gastaron su dinero. Luego, cuando no tenía nada, lo dejaron para que fuera a cuidar a los cerdos. El pueblo judío no debía tener nada que ver con esos animales inmundos y allí estaba él, deseando poder echarse al comedero con los cerdos. Si alguna vez ha visto comer a los cerdos, o les ha dado de comer, sabrá que ese hijo pródigo estaba en mal estado. ¡Nunca he visto nada en un comedero de cerdos que me diera hambre!

¿CUÁL ES LA CURA?

Seleccione a sus amigos con mucho cuidado. Manténgase

alerta, o lo drenarán hasta que sea solo piel y huesos, y luego lo dejarán. Eso causará pobreza.

105

CAPITULO 24

HACERSE RICO RAPIDAMENTE CON PLANES

Proverbios 28:22 dice,

"El hombre de mal ojo se apresura a ser rico; y no sabe que le ha de venir pobreza".

Una de las formas más fáciles que conozco de quebrar es intentar ganar mucho dinero rápidamente. Le contaré un pequeño secreto. Si existiera una forma honesta y fácil de ganar mucho dinero rápidamente, ya es demasiado tarde para descubrirla. Algo en nuestra carne perezosa y malvada siempre busca un camino fácil. Dios le dijo a Adán: "Con el sudor de tu rostro comerás el pan" (Génesis 3:19). Y pensamos que con un poco de esfuerzo construiremos graneros llenos de trigo para el pan de los próximos años. Una persona que se apresura a ser rica ni siquiera piensa bien.

El mundo tiene todo tipo de planes para hacerse rico rápidamente. Alguien publicó uno en una revista no hace muchos años que decía: "Envíe 10 dólares para recibir una forma garantizada de ganar 10,000 dólares". Todos los que enviaban 10 dólares a esa dirección recibían una nota que decía: "Pon un anuncio en la revista y espera que haya 1,000 tontos como tú ahí afuera". Los planes de enriquecimiento rápido son en realidad planes de empobrecimiento rápido. Muchas personas han seguido una u otra forma pensando que está a su alcance tener riquezas rápidamente.

Proverbios 13:7a, dice:

"Hay quienes pretenden ser ricos, y no tienen nada..."

Lea las historias de las vidas de la mayoría de los que tuvieron un plan para hacerse ricos rápidamente, y vea lo quebrados que estaban cuando murieron. Lo adquirieron, y luego lo perdieron igual de rápido. El principio que Dios establece aquí es este: Un éxito rápido usualmente lleva a un fracaso rápido. No lo valora porque lo obtuvo rápidamente y desaparecerá con la misma rapidez. Algunos de ustedes han vivido el tiempo suficiente para ver a personas que se han lanzado a tal cosa y parecen prosperar. Contaron lo genial que era. En algunos casos, no pasaron ni diez años antes de que buscaran una forma de comenzar de nuevo o de recuperarse. Es asombroso cómo la gente se hizo tan rica a finales de los años 20 en el mercado de valores y lo perdió todo de la noche a la mañana. Algunos otros que habían trabajado y trabajado y no tenían tanto, estaban en mejor situación cuando el mercado de valores quebró y los bancos se hundieron.

Otra Escritura sobre este asunto es Proverbios 15:27a,

"Alborota su casa el codicioso..."

Observe también que aquellos que siempre están tratando de hacerse ricos rápidamente, nunca tienen paz en su hogar. Si su matrimonio no termina en divorcio, por lo menos habrá miseria en la relación. Han olvidado que su hogar tiene un valor mayor. No me refiero al edificio, sino a la relación. El dinero no la sustituirá. Algunas de las personas más miserables que conozco son algunas de las más ricas que he conocido. Han ido por el dinero y han perdido lo que es valioso en la vida.

Proverbios 21:5 dice,

"Los pensamientos del diligente ciertamente tienden a la abundancia; mas los del presuroso, de cierto llevan a la pobreza".

Si un hombre es diligente en su pensamiento, simplemente se apegará a él, laborará y trabajará. El resultado es que tendrá en abundancia. Si sus pensamientos son siempre apresurados para obtener riquezas, el resultado es que será pobre. El pensamiento de hacerse rico rápidamente es anti-bíblico y un patrón de pensamiento irreal. De alguna manera, piensan que pueden atajar el sistema y que ellos son sabios y todos los demás son tontos. En consecuencia, desprecian a los demás y ven a las personas como instrumentos y herramientas para ser utilizadas. Al poco tiempo se dan cuenta de que ellos son los perdedores.

Proverbios 28:20 nos dice,

"El hombre de verdad tendrá muchas bendiciones; mas el que se apresura a enriquecerse, no será sin culpa".

En su prisa por enriquecerse rápidamente, las acciones de estos individuos no tardan en ser incorrectas. Tergiversarán un poco la verdad, engañarán un poco en sus impuestos, manipularán, se aprovecharán, etc. Dios dice que cualquiera que se apresura a enriquecerse "no será sin culpa". Luego, sólo dos versículos después, la Escritura afirma que la pobreza vendrá sobre él. Es una maldición que la gente piense que se va a enriquecer rápida y fácilmente. Han olvidado que lo que "fácil viene, fácil se va"

¿CUÁL ES LA CURA?

Hágase rico lentamente. Tómese su tiempo. Trabaje duro y por mucho tiempo. Sea diligente y frugal. Sea cuidadoso. Invierta. Trabaje duro y por mucho tiempo. Sea paciente. Viva por debajo de sus posibilidades. Trabaje duro. Trabaje mucho. Sea diligente. Sea paciente. Siga trabajando e invirtiendo. Aprenda. Siga trabajando duro y durante mucho tiempo. Sea paciente ... y así sucesivamente.

Dios dice que la otra forma no paga. Aprenda a planificar a largo plazo. Piense en términos de lo que va a hacer entre ahora y la muerte, si tiene una vida normal. Si cree que Dios podría permitirle tener cinco años más, entonces calcule un plan de cinco años. Empiece a calcular sobre esa base en lugar de planear tenerlo todo para el primer día del año. Si lo tiene todo, el gobierno se quedará con la mitad de todos modos. ¿No sería mejor ganarlo poco a poco y pagar un tipo impositivo bajo que ganarlo rápido y tener que renunciar a la mayor parte? Incluso el gobierno tratará de enseñarnos esa lección.

CAPITULO 25

CONCLUSIÓN

De alguna manera, debemos reorientar nuestro pensamiento. Tenemos que darnos cuenta también de que la riqueza nunca debe ser un objetivo, sino sólo una herramienta para los verdaderos objetivos de la vida. De todos modos, ¿para qué quiere ese dinero? ¿Para dejárselo a alguien que no lo aprecie?

Ya he mencionado anteriormente que el hombre con el que trabajaba en la zapatería era un avaro. No se tomaba un descanso para comer, sino que se comía un sándwich de mantequilla de cacahuete y mermelada mientras buscaba zapatos para un cliente. No dejaba de atender a un cliente por nada del mundo. El gerente de la tienda lo obligaba a tomarse unas vacaciones de dos semanas y, si se quedaba fuera durante la mayor parte de una semana, estaban encantados. Leía un periódico que había recogido en el asiento del autobús al llegar al trabajo mientras dejaba su auto nuevo en el garaje de su casa, porque era más barato venir de esa manera. No tenía teléfono. Esperaba poder arreglárselas sin usar bombillas porque así duraban más y no pagaba mucho por la factura de la luz. Así es como era él.

Un día le pregunté qué iba a hacer con todo ese dinero. Me dijo que solo lo estaba reuniendo. Cuando le pregunté para qué, me dijo que lo iba a dejar para la gente que se queda atrás. Le pregunté si tenía hijos y me dijo que no los tenía. Entonces le pregunté qué iban a hacer sus beneficiarios con su dinero, y me dijo que no había pensado en eso pero que suponía que se iban a pelear por él y lo iban a malgastar todo. Le pregunté: "¿En eso vas a gastar toda tu vida?". Su respuesta fue: "Así es". Le pregunté si alguna vez había pensado en eso y me dijo. "No quiero pensar en eso, pero aquí viene un cliente y voy a vender otro par de zapatos". Su objetivo era la riqueza.

Debemos aprender que la riqueza es una herramienta, y no hay nada malo en ella, si se utiliza correctamente. David tenía riquezas, pero quería construir un templo para Dios. Dios le dijo que simplemente reuniera el dinero y que dejaría que su hijo lo construyera. Salomón la hizo construir con gran esplendor y gloria. Algunas mujeres tenían dinero y financiaron la obra de Jesús. Le ministraron financieramente durante ese tiempo. Aprendieron que es una herramienta, no una meta en la vida. Es un medio para seguir adelante en la vida.

Usted no vive para hacerse rico. Sin embargo, si puede obtener y reunir algo material para un patrimonio y una herencia para sus hijos, eso es bueno y bíblico, si les ayuda a hacer más por Dios en los días venideros. Ser capaz de hacer provisión es correcto. Después de todo, Dios hizo provisión para nosotros, ¿no es así? Usted puede decir que tal vez los hijos de algunas personas no serían dignos. ¿Qué tan dignos fuimos nosotros de toda la provisión que Dios hizo? Si usted fuera a hacerla sobre la base del valor, Él habría sido mejor para mantener a Jesús en el cielo. Quiero que sepa que Él hizo una tremenda inversión por nosotros. De hecho, las mansiones ya están construidas. La Biblia dice, "En la casa de mi Padre muchas mansiones hay…". (Juan 14:2a). No voy al cielo a ocupar una mansión; voy a ver a Jesús. Sólo tengo esa mansión mientras estoy allí - eso es todo. Verás, la riqueza es una herramienta; no es el propósito principal de la vida. Aquellos que viven por el dinero no tienen mucho por lo que vivir.

No es necesario que nos hagamos tan pobres como lo hacemos a menudo.

"Conoce el justo la causa de los pobres". (**Proverbios 29:7**).

Deberíamos considerar la causa de nuestra propia pobreza, ¿no es así? Considerarlo y hacer algo al respecto. Hay curas. Hay algo de liberación. La obra de Dios podría hacer mucho más si no estuviéramos tan atados financieramente. Puede que a algunos les lleve una generación o la mayor parte de su vida enderezarse, pero si sus hijos se salvan, tendrán un comienzo y podrán hacer más. ¿Que si Jesús vuelve? Estaremos caminando en la luz de la Palabra de Dios. Va a haber personas salvas que no tuvieron padres cristianos. Por lo tanto, siempre va a haber la necesidad de que conozca estos principios cristianos para ayudarles a empezar a salir de su ruina financiera.

Va a haber una mayor necesidad en el futuro de volver a los principios bíblicos porque el mundo los ha perdido de vista. Necesitamos enseñarlos porque aquí es donde empezaron - con Dios.

Proverbios 29:7

> *"Conoce el justo la causa de los pobres; mas el impío no entiende sabiduría".*

115

ACERCA DEL AUTOR

J. PAUL RENO ha sido pastor en Ohio y Maryland desde 1968. Durante este tiempo también ha estado involucrado en la plantación de iglesias, capacitando a hombres para el ministerio y hablando en los campos misioneros en Europa, Medio Oriente, África, Sudamérica y México. La iglesia que pastorea actualmente acaba de superar el envío de 3 y 2/3 millones de dólares a las misiones. Sigue hablando en varias conferencias bíblicas, reuniones de campamentos e iglesias locales. Actualmente es miembro de la Junta Directiva del Centro de Conversión, con sede en Hagerstown, Maryland. Recientemente, el pastor Reno fue honrado con el prestigioso premio "Defensor de las Escrituras", otorgado por el Consejo de Investigación de la Biblia King James. También es autor de "Luchar o No Luchar", Daniel Nash: "El Poderoso Principe de la Oración", "Invertir para la Eternidad", "Estudios de doctrina bíblica", así como más de cincuenta folletos y panfletos sobre la salvación, la vida cristiana, la doctrina bíblica y la versión King James. Su esposa, Carolyn, es autora de "Casi pero Perdido", disponible como descarga gratuita de un libro electrónico en:

http://www.theoldpathspublications.com/Pages/Free.htm